a transformação
já começou.

iônica é o ambiente digital da **FTD Educação** que nasceu para conectar estudantes, famílias, professores e gestores em um só lugar.

uma plataforma repleta de recursos e facilidades, com navegação descomplicada e visualização adaptada para todos os tipos de tela: celulares, tablets e computadores.

   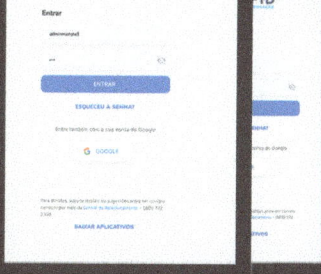

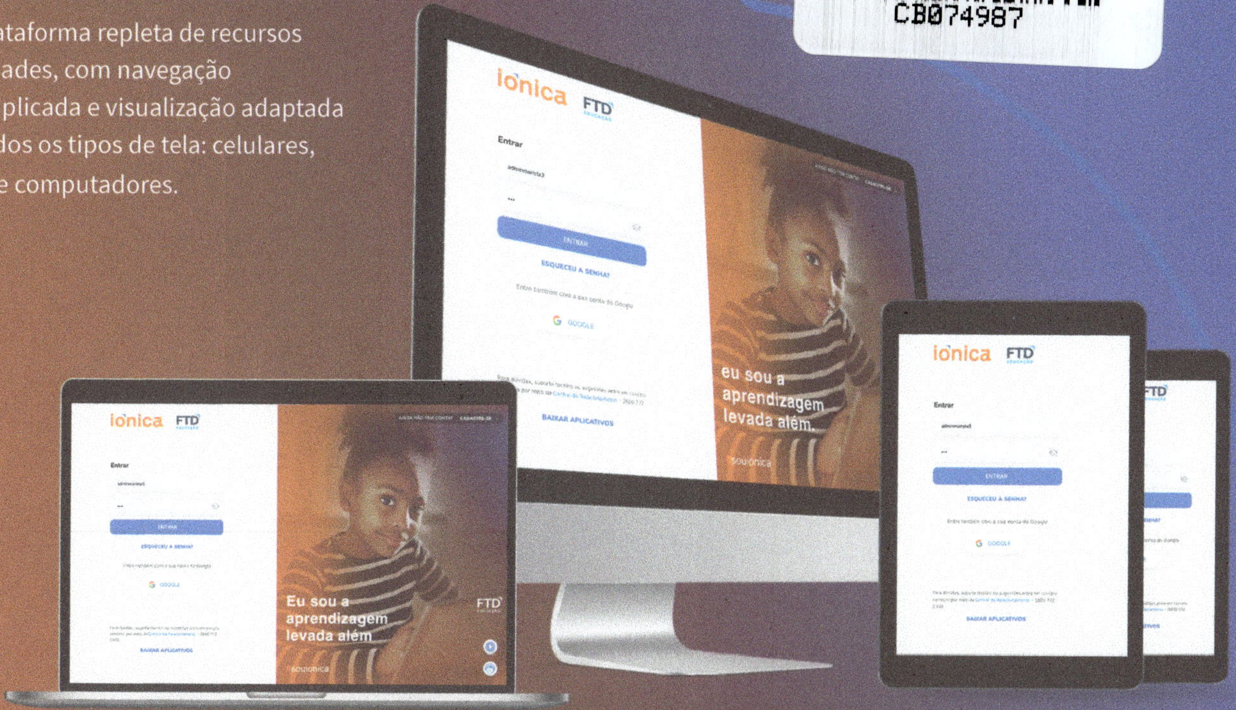

É MUITO FÁCIL
ACESSAR!

49Fjp78A4

1 escaneie o QR Code ao lado com a câmera do seu celular ou acesse souionica.com.br

2 insira seu usuário e sua senha. Caso não tenha, crie uma nova conta em Cadastre-se.

3 insira o código de acesso do seu livro.

4 encontre sua escola na lista e bons estudos!

iônica

A CONQUISTA DA MATEMÁTICA

CADERNO DE ATIVIDADES
8

JOSÉ RUY GIOVANNI
(Falecido em 2020)

Foi professor de Matemática em escolas de Ensino Fundamental e Ensino Médio.

JOSÉ RUY GIOVANNI JÚNIOR

Licenciado em Matemática pela Universidade de São Paulo (USP).
Professor e assessor de Matemática em escolas de Ensino Fundamental e Ensino Médio desde 1985.

BENEDICTO CASTRUCCI
(Falecido em 1995)

Bacharel e licenciado em Ciências Matemáticas pela Universidade de São Paulo (USP).
Foi professor de Matemática da Pontifícia Universidade Católica (PUC-SP) e da Universidade de São Paulo (USP).
Foi professor de Matemática em escolas públicas e particulares de Ensino Fundamental e Ensino Médio.

Copyright © José Ruy Giovanni, José Ruy Giovanni Júnior, Benedicto Castrucci, 2022

Direção-geral Ricardo Tavares de Oliveira
Direção de Conteúdo e Negócios Cayube Galas
Direção editorial adjunta Luiz Tonolli
Gerência editorial Roberto Henrique Lopes da Silva
Edição João Paulo Bortoluci (coord.)
Bianca Cristina Fratelli, Carlos Eduardo Bayer Simões Esteves, Flávia Milão Silva, Janaina Bezerra Pereira, Paula Signorini, Rafael Braga de Almeida
Preparação e Revisão Maria Clara Paes (coord.)
Mariana Padoan, Yara Affonso
Gerência de produção e arte Ricardo Borges
Design Andréa Dellamagna (coord.)
Sergio Cândido
Imagem de capa Estúdio Caramelos
Arte Isabel Cristina Corandin Marques (coord.)
Gabriel Basaglia, Kleber Bellomo
Coordenação de imagens e textos Elaine Bueno Koga
Iconografia Karine Ribeiro de Oliveira, Paula Squaiella, Emerson de Lima (trat. imagens)
Licenciamento de textos Amandha Baptista
Supervisora de arquivos de segurança Silvia Regina E. Almeida
Diretor de operações e produção gráfica Reginaldo Soares Damasceno

---

Dados Internacionais de Catalogação na Publicação (CIP)
(Câmara Brasileira do Livro, SP, Brasil)

Giovanni, José Ruy, 1937-2020
    A conquista da matemática : caderno de atividades : 8º ano / José Ruy Giovanni, José Ruy Giovanni Júnior, Benedicto Castrucci. -- 1. ed. -- São Paulo : FTD, 2022.

    ISBN 978-85-96-03740-2 (aluno)
    ISBN 978-85-96-03741-9 (professor)

    1. Matemática (Ensino fundamental) I. Giovanni Júnior, José Ruy. II. Castrucci, Benedicto. III. Título.

22-122063   CDD-372.7

Índices para catálogo sistemático:
1. Matemática : Ensino fundamental   372.7

Cibele Maria Dias – Bibliotecária – CRB-8 / 9427

---

1 2 3 4 5 6 7 8 9

Envidamos nossos melhores esforços para localizar e indicar adequadamente os créditos dos textos e imagens presentes nesta obra didática. No entanto, colocamo-nos à disposição para avaliação de eventuais irregularidades ou omissões de crédito e consequente correção nas próximas edições. As imagens e os textos constantes nesta obra que, eventualmente, reproduzam algum tipo de material de publicidade ou propaganda, ou a ele façam alusão, são aplicados para fins didáticos e não representam recomendação ou incentivo ao consumo.

Reprodução proibida: Art. 184 do Código Penal e Lei 9.610 de 19 de fevereiro de 1998.
Todos os direitos reservados à **EDITORA FTD**.

Produção gráfica

Avenida Antônio Bardella, 300 - 07220-020 GUARULHOS (SP)
Fone: (11) 3545-8600 e Fax: (11) 2412-5375
A - 854.267/24

Rua Rui Barbosa, 156 – Bela Vista – São Paulo – SP
CEP 01326-010 – Tel. 0800 772 2300
Caixa Postal 65149 – CEP da Caixa Postal 01390-970
www.ftd.com.br
central.relacionamento@ftd.com.br

A comunicação impressa e o papel têm uma ótima história ambiental para contar

www.twosides.org.br

APRESENTAÇÃO

A Matemática está presente em nossas vidas, seja em uma simples contagem, seja na aplicação de modernas e complexas tecnologias. Ela pode ajudar a decidir se uma compra deve ser paga à vista ou a prazo, a entender o movimento de variação da inflação e dos juros, a medir índices sociais de um país, a entender o meio ambiente e a cuidar dele... Sem falar em suas aplicações na arquitetura, na arte, na agricultura e em tantas outras áreas.

O domínio da Matemática lhe abrirá as portas das ciências e o auxiliará na compreensão das constantes mudanças do mundo contemporâneo, ampliando a percepção dos rumos que podem ser seguidos.

As atividades apresentadas neste material vão ajudar você a retomar, a aprofundar e a exercitar os conhecimentos trabalhados no decorrer do ano, contribuindo, assim, com a aprendizagem em Matemática.

Bons estudos!

Os autores

SUMÁRIO

UNIDADE 1
NÚMEROS REAIS E PORCENTAGEM 6
1. Conjunto dos números racionais 6
2. Dízimas periódicas 13
3. Números reais 15
4. Porcentagem 16

UNIDADE 2
POTÊNCIAS E RAÍZES 26
1. Potência com expoente inteiro 26
2. Propriedades da potenciação 27
3. Números quadrados perfeitos 29
4. Raiz quadrada 30
5. Outras raízes 34
6. Potência com expoente fracionário 36

UNIDADE 3
ÂNGULOS E TRIÂNGULOS 38
1. Ângulos 38
2. Triângulos 43
3. Congruência de triângulos 52
4. Propriedades dos triângulos 54
5. Construções geométricas 56

UNIDADE 4
EXPRESSÕES E CÁLCULO ALGÉBRICO 58
1. Uso de letras para representar números 58
2. Expressões algébricas ou literais 59
3. Valor numérico de uma expressão algébrica 61
4. Monômio ou termo algébrico 64
5. Polinômios 71

UNIDADE 5
EQUAÇÕES 82
1. Equação do 1º grau com uma incógnita 82
2. Equação fracionária com uma incógnita 86
3. Equações literais do 1º grau na incógnita x 89
4. Equação do 1º grau com duas incógnitas 90
5. Sistemas de duas equações do 1º grau com duas incógnitas 92
6. Resolução de sistema de duas equações do 1º grau com duas incógnitas 94
7. Equação do 2º grau 100

▶ Vista superior de lago de várzea na Floresta Amazônica, na Reserva de Desenvolvimento Sustentável Uacari. Amazonas, 2022.

UNIDADE 6

POLÍGONOS E TRANSFORMAÇÕES NO PLANO 102

1. Polígonos e seus elementos 102
2. Diagonais de um polígono convexo 104
3. Ângulos de um polígono convexo 105
4. Ângulos de um polígono regular 110
5. Construções geométricas 112
6. Propriedades dos quadriláteros 113
7. Transformações no plano 122

UNIDADE 7

CONTAGEM, PROBABILIDADE E ESTATÍSTICA 124

1. Contagem 124
2. Probabilidade 128
3. Estatística 131
4. Medidas em Estatística 136
5. Realizando pesquisas estatísticas 141

UNIDADE 8

ÁREA, VOLUME E CAPACIDADE 142

1. Área de figuras planas 142
2. Volume de sólidos geométricos 147
3. Capacidade 151

UNIDADE 9

ESTUDO DE GRANDEZAS 156

1. Grandezas 156
2. Algumas razões especiais 157
3. Grandezas diretamente proporcionais 159
4. Grandezas inversamente proporcionais 163
5. Regra de três 166

RESPOSTAS 172

UNIDADE 1
NÚMEROS REAIS E PORCENTAGEM

1. CONJUNTO DOS NÚMEROS RACIONAIS

1. Duas *pizzas* iguais foram divididas em fatias conforme a ilustração a seguir.

Pizza 1

Pizza 2

Sabendo que em cada *pizza* todas as fatias têm o mesmo tamanho, e que Pedro comeu 2 fatias da *pizza* 1 e Mariana comeu 2 fatias da *pizza* 2, represente, na forma de número de fração, quanto de *pizza* cada um comeu. Depois, compare as quantidades consumidas e responda: quem comeu a maior quantidade de *pizza*?

___

2. Em qual alternativa associam-se corretamente os números racionais $\frac{5}{4}$, $\frac{3}{7}$ e $\frac{2}{3}$ com os pontos A, B e C representados na reta?

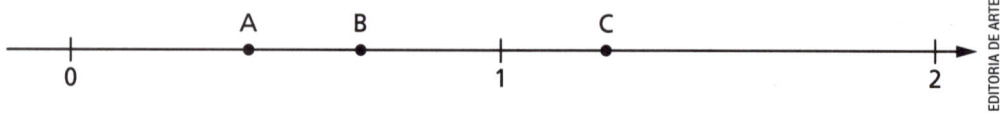

a) Ponto A: $\frac{5}{4}$; Ponto B: $\frac{3}{7}$; Ponto C: $\frac{2}{3}$.

b) Ponto A: $\frac{5}{4}$; Ponto B: $\frac{2}{3}$; Ponto C: $\frac{3}{7}$.

c) Ponto A: $\frac{3}{7}$; Ponto B: $\frac{2}{3}$; Ponto C: $\frac{5}{4}$.

d) Ponto A: $\frac{3}{7}$; Ponto B: $\frac{5}{4}$; Ponto C: $\frac{2}{3}$.

3. Qual alternativa apresenta uma sentença verdadeira?

a) $-\dfrac{3}{4} < -\dfrac{4}{3} < 0$

b) $-\dfrac{5}{2} < -\dfrac{9}{8} = 1{,}33$

c) $\dfrac{2}{4} = \dfrac{1}{2} > \dfrac{3}{4}$

d) $-0{,}7 > -\dfrac{5}{3} < 0$

4. Escreva os números racionais a seguir em ordem crescente: $-\dfrac{7}{8}$; $\dfrac{2}{3}$; $0{,}74$; $-1{,}35$; $-\dfrac{3}{4}$; $1{,}9$.

5. Observe a reta numérica, na qual estão destacados os pontos A, B, C e D.

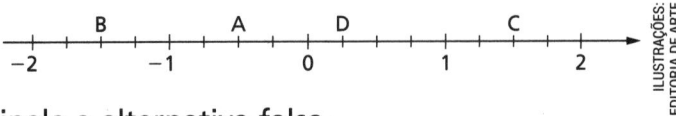

Sobre essa reta, assinale a alternativa falsa.

a) O ponto D representa o número $\dfrac{1}{4}$.

b) O número associado ao ponto C é maior do que o número associado ao ponto B.

c) O ponto B pode ser associado ao número $-2{,}5$.

d) O número associado ao ponto C é menor do que 2.

6. Qual é a forma fracionária irredutível dos números correspondentes aos pontos A, B e C na reta a seguir?

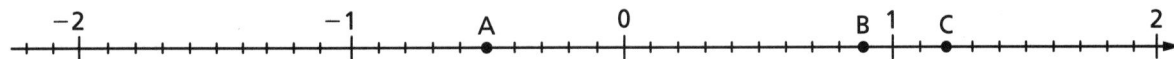

7. Indique os números inteiros consecutivos representados pelos pontos A e B na reta numérica a seguir.

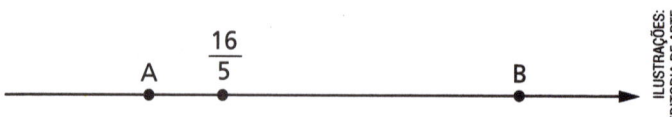

_____

8. Determine, na forma de fração, os números correspondentes aos pontos A e B representados a seguir.

_____

9. Escreva, em ordem crescente, esses seguintes números racionais: $-\dfrac{2}{3}$; $-0,37$; 0; $-1,2$; $\dfrac{4}{2}$; $\dfrac{1}{3}$. Depois, localize esses números na reta numérica a seguir.

_____

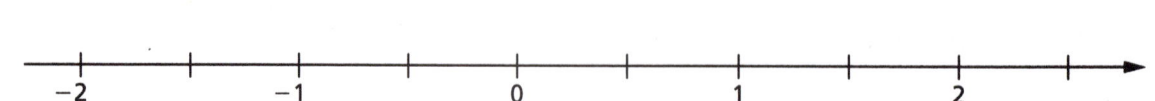

10. Kátia economizou em um cofrinho 40 moedas de R$ 0,25, 123 moedas de R$ 0,10 e 912 moedas de R$ 0,05. Com essas moedas, quantos reais Kátia conseguiu economizar?

_____

11. Alexandre é pintor e está, nesse momento, trabalhando em uma parede. Sabe-se que já foram pintados $\frac{2}{3}$ dessa parede, cuja área total é de 3,85 m². Qual é a área aproximada da parede, em metro quadrado, que ainda precisa ser pintada?

a) 1 m²

b) 1,28 m²

c) 1,48 m²

d) 1,67 m²

12. Maria dividiu uma lasanha entre os 3 filhos: João, Fernanda e Pedro. João recebeu $\frac{2}{3}$ da lasanha e Fernanda recebeu $\frac{1}{6}$. Qual foi a parte que Pedro recebeu?

a) $\frac{7}{12}$

b) $\frac{1}{6}$

c) $\frac{1}{3}$

d) $\frac{1}{9}$

13. Sempre que recebe o troco do dinheiro gasto na cantina da escola, Marcela guarda, pois quer comprar uma blusa cujo preço é R$ 52,99. Na primeira semana, ela conseguiu guardar R$ 15,32, na segunda semana, R$ 7,82, na terceira semana, R$ 17,29, e, na última semana do mês, ela conseguiu guardar R$ 18,57. Com essa economia, Marcela conseguirá comprar a blusa? Em caso positivo, qual será o troco? Em caso negativo, quanto ainda faltará?

14. Realize algebricamente os cálculos a seguir e apresente a resposta na forma fracionária.

a) $\dfrac{1}{7} - 2,5$

b) $3,44 + 0,8$

c) $\dfrac{3}{8} + \dfrac{5}{3}$

d) $0,1 - \dfrac{1}{100}$

15. Resolva as multiplicações e divisões a seguir.

a) $0,9 \cdot \dfrac{3}{4}$

b) $1,23 : 0,8$

c) $2\,573 \cdot 3,98$

d) $\dfrac{10}{7} : \dfrac{125}{2}$

16. Karina organizará um churrasco para 10 adultos. Para calcular o custo, ela considerou que em um churrasco cada adulto come, em média, $\dfrac{1}{2}$ kg de carne e que o preço médio que ela vai gastar por quilograma de carne (considerando todas as variedades que vai comprar) é R$ 65,00. Calcule quantos reais Karina gastará com a compra de carne para esse churrasco, considerando apenas a quantidade média de carne consumida por pessoa.

17. Um terreno foi dividido em 4 lotes, como mostra o esquema a seguir.

Qual é a fração do terreno, em relação à área total, representada pela letra A?

_____

18. Calcule o valor das expressões a seguir.

a) $\dfrac{15}{17} \cdot \dfrac{10}{3} - \dfrac{7}{5}$

b) $\left(42{,}715 : \dfrac{5}{8}\right) \cdot 0{,}3$

c) $315{,}9 + \dfrac{10}{4} \cdot 9{,}6 - 4{,}17 : 2$

d) $\left[\left(\dfrac{8}{5} - \dfrac{7}{10}\right) : \left(\dfrac{3}{2} + \dfrac{4}{5}\right)\right]$

19. Leia o trecho a seguir.

> ### Felicidade média do brasileiro cai ao menor nível em 15 anos em 2020
>
> Com a pandemia, o brasileiro chegou ao menor índice de felicidade média em 15 anos, desde que o número começou a ser medido, em 2006. A conclusão é da pesquisa Bem-Estar Trabalhista, Felicidade e Pandemia, divulgada nesta segunda-feira (14 [de junho de 2021]) pela FGV Social, centro de políticas sociais da Fundação [Getulio] Vargas.
>
> A felicidade média do brasileiro, numa escala de um a dez, chegou a 6,1 [em 2020] — 0,4 ponto menor do que a registrada no ano anterior. O dado é obtido a partir de uma avaliação dos entrevistados da satisfação com a própria vida.
>
> [...]
>
> A pesquisa também mostra que a desigualdade, medida pelo índice de Gini, bateu recorde no primeiro trimestre de 2021, chegando a 0,674. A escala, que leva em conta uma série de fatores, vai de 0 a 1 — quanto mais próximo do zero, menos desigual.
>
> Para comparação, o recorde anterior, observado no primeiro trimestre de 2020, era de 0,642. "A literatura considera este movimento um grande salto de desigualdade", observa o texto.
>
> SATIE, Anna; VITORIO, Tamires. Felicidade média do brasileiro cai ao menor nível em 15 anos em 2020. **CNN**, São Paulo, 21 jun. 2021. Disponível em: https://www.cnnbrasil.com.br/nacional/felicidade-media-do-brasileiro-cai-ao-menor-nivel-em-15-anos-em-2020/. Acesso em: 11 nov. 2022.

De acordo com o texto, responda:

a) Qual foi o índice de felicidade média do brasileiro em 2019?

b) De quanto foi o aumento no índice de Gini do primeiro trimestre de 2020 para o primeiro trimestre de 2021?

c) Elabore uma pergunta que possa ser respondida com os dados dessa atividade.

2. DÍZIMAS PERIÓDICAS

20. Verifique se cada um dos números racionais a seguir tem representação decimal **finita** ou infinita e periódica. Se necessário, use uma calculadora para ajudar.

a) $\frac{2}{3} = 0,66666...$ _____

b) $\frac{3}{8} = 0,375$ _____

c) $\frac{15}{11} = 1,363636...$ _____

d) $\frac{7}{3} = 2,33333...$ _____

21. Escreva a representação decimal dos números racionais a seguir.

a) $\frac{7}{5} =$ _____

b) $\frac{23}{22} =$ _____

c) $\frac{1}{11} =$ _____

d) $\frac{34}{99} =$ _____

22. Identifique o período de cada uma das dízimas periódicas a seguir.

a) 1,333333... _____

b) 4,12121212... _____

c) 10,24333333... _____

d) −2,0501501501... _____

23. Determine uma fração geratriz de cada dízima periódica simples a seguir.

a) 12,3737...

b) 7,5555...

c) 3,172172...

24. Escreva a fração geratriz que representa o resultado da seguinte diferença:
3,1414... − 1,8282...

25. Encontre uma fração geratriz de cada dízima periódica composta a seguir.

a) 2,54646...

b) 1,397878...

26. A expressão 2,3333... + 0,2666... resulta em:

a) $\frac{4}{15}$.

b) $\frac{7}{3}$.

c) $\frac{13}{5}$.

d) $\frac{39}{5}$.

3. NÚMEROS REAIS

27. Expresse como uma fração irredutível cada número a seguir.

a) 2,34

b) 0,415

c) 1,024

d) 18,46

e) 73,008

f) 336,12

28. A representação decimal de um número pode ser finita, infinita e periódica ou infinita e não periódica. Sabendo disso, identifique a representação decimal dos números a seguir.

a) $\dfrac{1}{8}$ _____

b) $\sqrt{3}$ _____

c) $\dfrac{7}{11}$ _____

d) $\dfrac{7}{3}$ _____

29. Identifique como **racional** ou **irracional** os números a seguir.

a) 10 _____

b) $\sqrt{2}$ _____

c) −10 _____

d) $0,\overline{3}$ _____

e) $0,\overline{25}$ _____

f) π _____

g) $-\dfrac{1}{6}$ _____

h) 0,01001000100001... _____

15

30. Analise cada número a seguir.

$$\boxed{7} \quad \boxed{7,\overline{7}} \quad \boxed{\sqrt{7}} \quad \boxed{7,7} \quad \boxed{-7} \quad \boxed{\dfrac{1}{7}}$$

Sabendo que $\sqrt{7}$ = 2,64575131106... é um número que tem representação decimal infinita e não periódica, indique quais desses números são:

a) racionais. _____

b) irracionais. _____

31. Classifique cada item como verdadeiro (V) ou falso (F).

a) (   ) Todo número natural é inteiro.

b) (   ) O número $-\dfrac{2}{7}$ é racional, mas não é natural nem inteiro.

c) (   ) O número $-\sqrt{3}$ é racional.

d) (   ) O número 5 é natural, inteiro, racional e real.

e) (   ) $0,\overline{5}$ é irracional.

f) (   ) Todo número inteiro é racional.

4. PORCENTAGEM

32. Escreva o número 3,75 na forma de fração irredutível e na forma de taxa percentual.

33. Escreva a razão $\dfrac{7}{40}$ na forma de taxa percentual e na forma decimal.

34. Calcule mentalmente:

a) 10% de 15 000. _____

b) 1% de 15 000. _____

c) 50% de R$ 460,00. _____

d) 20% de 350. _____

e) 25% de 4 000. _____

f) 1% de 7 500. _____

35. Dos 25 estudantes da turma de Júlia, 16% usam óculos. Quantos estudantes dessa turma usam óculos?

36. Em um pagamento à vista, certo vendedor ofereceu R$ 6,00 de desconto em um produto de R$ 120,00. De quantos por cento do valor total foi esse desconto?

37. Em uma pesquisa de opinião sobre um filme, foram entrevistadas 200 pessoas na saída do cinema. Dessas pessoas, 126 acharam o filme ótimo. Calcule a taxa percentual correspondente à quantidade de pessoas com essa opinião.

38. Em certo dia, foram vendidos 75 picolés na sorveteria de Clara. Desses picolés, 6 eram de uva. Que porcentagem dos picolés vendidos nesse dia eram de uva?

39. Das 50 questões de uma prova, um estudante errou 7. Qual é o percentual correspondente à quantidade de acertos desse estudante?

___

40. Dos 1 120 candidatos inscritos em um concurso, 280 foram aprovados. Qual foi o percentual de candidatos reprovados no concurso?

___

41. O mês de setembro tem 30 dias. Em relação a esse mês, qual é a taxa percentual que representa:

a) 6 dias?

b) uma quinzena?

c) 3 semanas?

42. Dentre os 75 professores de um colégio, 9 ensinam Matemática. Qual é a taxa percentual de professores que ensinam Matemática, em relação ao total de professores do colégio?

43. Sara depositou R$ 480,00 na caderneta de poupança no início de janeiro e não realizou saques ou novos depósitos. Após um mês, ela tinha na conta R$ 482,40. Qual foi o índice percentual total referente ao rendimento dessa caderneta de poupança nesse mês de janeiro?

44. Um objeto de arte custava 900 reais. Esse objeto teve um aumento de 18%. Pergunta-se:

a) qual é a quantia correspondente a esse aumento?

b) qual é o novo preço do objeto, após o aumento?

45. Em um campeonato de Matemática, para cada acerto, a equipe ganha 3 pontos e, para cada erro, a equipe perde 2 pontos. Se a equipe de Maurício acertou 70% das 50 perguntas, quantos pontos essa equipe obteve no final do campeonato?

46. No exame final de Ciências, Carlos acertou 80% das questões. Conferindo o gabarito, ele descobriu que errou 4 questões. Quantas questões tinha o exame final de Carlos?

47. No quadro abaixo, temos a quantidade de jogos e o total de vitórias de uma equipe de futebol feminina em determinado campeonato.

Ano	Quantidade de partidas disputadas	Quantidade de vitórias
2019	30	16
2020	40	25
2021	22	16
2022	31	20

a) Em qual desses anos o time teve o maior índice de vitórias, em relação à quantidade de jogos que disputou?

b) No campeonato de 2018, em 38 jogos, esse time conseguiu um índice percentual de vitórias de, aproximadamente, 31,58%. Quantas partidas o time venceu no campeonato de 2018?

48. Um número natural é tal que 12% desse número menos 5 é o dobro de 2% da metade desse número. Que número é esse, se ele não é zero?

49. Leia, a seguir, o trecho de uma notícia sobre a participação das mulheres no setor de tecnologia da informação e comunicação.

> Em 2020, o Brasil empregava 867 mil pessoas no setor de tecnologia da informação e comunicação (TIC), sendo 63% homens e 37% mulheres, de acordo com a Brasscom.
> Apesar do cenário não parecer favorável, as mulheres estão ganhando cada vez mais espaço no mercado de tecnologia. Segundo análise do Cadastro Geral de Empregados e Desempregados (Caged), a participação feminina nesse mercado cresceu 60% nos últimos 5 anos.
>
> PARTICIPAÇÃO feminina no mercado de tecnologia ainda é baixa. **Terra**, Nós, [s. l.], 31 mar. 2022. Disponível em: https://www.terra.com.br/nos/participacao-feminina-no-mercado-de-tecnologia-ainda-e-baixa,2232b9192f11b5b0fd4b082c4f5d02bex4yviisq.html. Acesso em: 16 nov. 2022.

Segundo o estudo mencionado, calcule a quantidade de:

a) mulheres que trabalhavam no setor de TIC em 2020.

b) homens que trabalhavam no setor de TIC em 2020.

50. Durante a pandemia de covid-19, muitas escolas precisaram adotar novas estratégias de ensino, por exemplo, oferecer aulas remotas ou híbridas. Os gráficos a seguir indicam o percentual de escolas que adotaram apenas a estratégia de mediação de ensino remota durante o ano letivo de 2021.

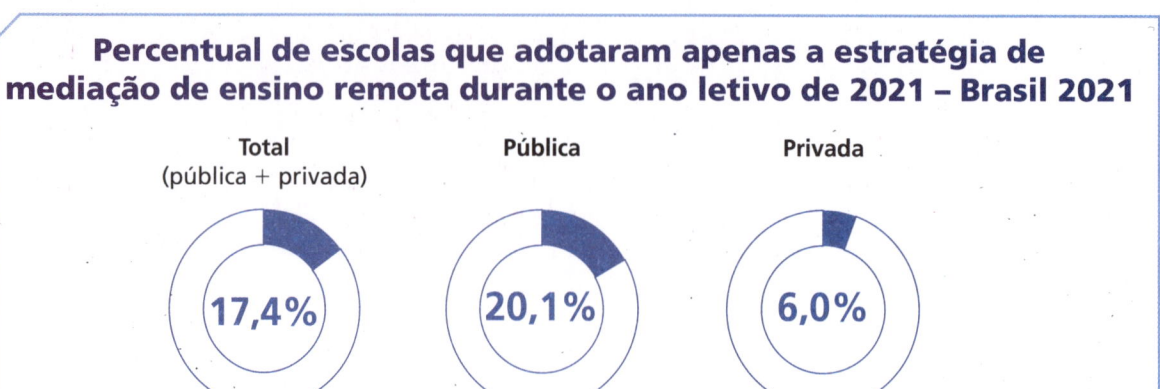

Percentual de escolas que adotaram apenas a estratégia de mediação de ensino remota durante o ano letivo de 2021 – Brasil 2021

Total (pública + privada): 17,4%
Pública: 20,1%
Privada: 6,0%

Elaborado com base em: BRASIL. Ministério da Educação. O Censo Escolar 2021. **Resultados da segunda edição da pesquisa Resposta Educacional à Pandemia de Covid-19 no Brasil.** Brasília, DF: ME, Inep, 8 jul. 2022. Disponível em: https://download.inep.gov.br/censo_escolar/resultados/2021/apresentacao_pesquisa_covid19_censo_escolar_2021.pdf. Acesso em: 9 nov. 2022.

Sabendo que o total de escolas públicas que respondeu à pesquisa foi 131 808, a quantidade de escolas públicas que adotaram apenas o modelo remoto foi de, aproximadamente:

a) 13 246 escolas.
b) 26 493 escolas.
c) 52 984 escolas.
d) 105 308 escolas.

51. Acompanhe, a seguir, o trecho de uma notícia sobre o desmatamento da Amazônia.

Alertas de desmate na Amazônia têm pior setembro da série histórica, aponta Inpe

O acumulado de alertas de desmatamento em setembro de 2022 na Amazônia foi de 1 455 km², segundo dados divulgados nesta sexta-feira (7) pelo Instituto de Pesquisas Espaciais (Inpe). É o pior setembro da série histórica do Deter, que começou em 2015.

O número representa um crescimento de 47,7% em relação a setembro do ano passado [2021] e equivale ao tamanho da cidade de São Paulo em área.

PEIXOTO, Roberto. Alertas de desmate na Amazônia têm pior setembro da série histórica, aponta Inpe. **G1**, Meio Ambiente, [s. l.], 7 out. 2022. Disponível em: https://g1.globo.com/meio-ambiente/noticia/2022/10/07/alertas-de-desmate-na-amazonia-tem-pior-setembro-da-serie-historica-aponta-inpe.ghtml. Acesso em: 16 nov. 2022.

▶ Área atingida por queimadas no estado do Pará, 2020.

De acordo com os dados do texto, o acumulado de alertas de desmatamento em setembro de 2021 foi de, aproximadamente:

a) 761 km².

b) 985 km².

c) 2 149 km².

d) 3 050 km².

52. O salário de Joaquim é R$ 1.985,27. Após pagar algumas contas, sobrou R$ 1.022,73. A porcentagem do salário de Joaquim gasto com o pagamento das contas foi de, aproximadamente:

a) 48,48%.

b) 50,50%.

c) 52%.

d) 67,8%.

53. Matilde emprestou 5 mil reais para um vizinho. Como o vizinho se dispôs a pagar a dívida em 3 meses, ela cobrou uma taxa de juro simples para o empréstimo no valor de 3,85% ao mês. Assim, a quantia final que Matilde receberá será de:

a) R$ 577,50.

b) R$ 5.000,00.

c) R$ 5.577,50.

d) R$ 5.050,50.

54. Um modelo de televisão com 55 polegadas é vendido em duas lojas distintas, A e B. Na loja A, pode-se comprá-la por R$ 2.250,00 à vista ou por R$ 2.500,00 em até 10 vezes sem juros. Na loja B, pode-se comprá-la por R$ 2.500,00 em até 10 vezes sem juros ou com 5% de desconto à vista. Em qual loja a compra com pagamento à vista é mais barata?

55. O salário mensal de Josiane, que trabalha como vendedora, é composto de uma parte fixa, de R$ 2.500,00, mais uma comissão de 10% sobre a quantia total vendida no mês. Se em um mês ela desejar alcançar um salário total de R$ 4.000,00, quantos reais ela precisará vender no mesmo mês para atingir esse valor?

56. Sílvio aplicou R$ 12.500,00 a uma taxa mensal de 2% ao mês, em regime de juro simples. Qual é a quantia que ele terá após 3 meses dessa aplicação?

57. O preço de um aparelho de som à vista é R$ 1.260,00. A prazo, o aparelho custa 3 prestações iguais de R$ 609,00. Qual é a taxa de juro ao mês que a loja está cobrando?

58. Roberto leu em um jornal eletrônico que investir é uma maneira de obter retorno financeiro no futuro. Interessado no assunto, ele está buscando estudar para entender mais sobre o universo dos investimentos. Para isso, ele começou a pesquisar sobre o conceito de investir e sobre as diferentes maneiras de realizar um investimento. Outra preocupação de Roberto foi buscar informações para compreender o papel dos bancos e das corretoras nesse universo. Depois desse estudo e de fazer algumas análises, de acordo com o objetivo dele, ele resolveu aplicar R$ 2.200,00 durante 2 meses a uma taxa mensal de juro simples de 1,95%. De acordo com essas informações, responda às questões a seguir.

a) Quanto Roberto receberá de juro por mês?

_____

b) Quanto ele receberá de juro em dois meses?

_____

c) Qual é a quantia total que ele receberá no final, ao fazer o resgate da aplicação e dos juros?

_____

d) Caso Roberto quisesse receber, nos mesmos dois meses, um valor maior do que ele recebeu, o que ele precisaria ter feito?

_____

e) Elabore uma atividade similar a esta, em que seja necessário calcular o montante de uma aplicação dados o capital inicial, a taxa de juro e o tempo de aplicação. Depois, resolva a atividade elaborada.

_____

_____

_____

_____

_____

_____

UNIDADE 2 — POTÊNCIAS E RAÍZES

1. POTÊNCIA COM EXPOENTE INTEIRO

1. Escreva cada multiplicação na forma de potência.

a) $(-1) \cdot (-1) \cdot (-1) \cdot (-1) \cdot (-1) \cdot (-1) \cdot (-1) =$ _____

b) $2,45 \cdot 2,45 \cdot 2,45 \cdot 2,45 \cdot 2,45 \cdot 2,45 =$ _____

c) $\dfrac{1}{3} \cdot \dfrac{1}{3} \cdot \dfrac{1}{3} \cdot \dfrac{1}{3} \cdot \dfrac{1}{3} \cdot \dfrac{1}{3} \cdot \dfrac{1}{3} \cdot \dfrac{1}{3} \cdot \dfrac{1}{3} =$ _____

d) $\left(-\dfrac{2}{5}\right) \cdot \left(-\dfrac{2}{5}\right) \cdot \left(-\dfrac{2}{5}\right) \cdot \left(-\dfrac{2}{5}\right) =$ _____

e) $10,3 \cdot 10,3 \cdot 10,3 \cdot 10,3 =$ _____

f) $(-7,2) \cdot (-7,2) =$ _____

2. Calcule cada potência a seguir.

a) $\left(-\dfrac{2}{5}\right)^2$

b) $\left(\dfrac{1}{4}\right)^3$

c) $3,15^2$

d) $14,7^3$

e) 1^{10}

f) $4,35^0$

g) $(-13,13)^0$

h) 6^3

i) $6,1^3$

2. PROPRIEDADES DA POTENCIAÇÃO

3. Escreva cada expressão como uma só potência.

a) $2^3 \cdot 2 \cdot 2 \cdot 2^4 \cdot 2^3 =$ _____

b) $1{,}2^3 : 1{,}2 =$ _____

c) $\left(\dfrac{1}{8}\right)^5 : \left(\dfrac{1}{8}\right)^3 =$ _____

d) $\left(\dfrac{1}{6}\right)^3 \cdot \left(\dfrac{1}{6}\right)^4 : \left(\dfrac{1}{6}\right)^5 =$ _____

4. Para medidas astronômicas, podemos utilizar a unidade UA (Unidade Astronômica), que corresponde à distância média, em quilômetro, da Terra ao Sol, ou seja, aproximadamente 150 milhões de quilômetros.

Em notação científica, 1 UA equivale a:

a) $15 \cdot 10^8$ km.

b) $15 \cdot 10^9$ km.

c) $1{,}5 \cdot 10^6$ km.

d) $1{,}5 \cdot 10^8$ km.

e) $1{,}5 \cdot 10^9$ km.

5. Um ano-luz é a distância percorrida na velocidade da luz durante um ano e equivale a aproximadamente 63 mil UA (Unidade Astronômica).

Sabendo que 1 UA = 150 milhões de quilômetros, então, 1 ano-luz equivale a:

a) $9{,}45 \cdot 10^{10}$ km

b) $9{,}45 \cdot 10^{12}$ km

c) $9{,}5 \cdot 10^{10}$ km

d) $9{,}5 \cdot 10^{12}$ km

e) $9{,}5 \cdot 10^{14}$ km

6. Qual é o último algarismo dos números a seguir?

a) 2^{2020}

b) 3^{3817}

7. Calcule o valor de cada expressão.

a) $\left[\left(\dfrac{1}{3}\right)^{-1}\right]^2 : \left[\left(\dfrac{1}{3}\right)^5 \cdot \left(\dfrac{1}{3}\right)^{-7}\right]$

b) $\dfrac{1\,024}{64^{(-3)}} - 128^4$

8. Segundo dados do IPCC 2021 (*Intergovernmental Panel on Climate Change*), em aproximadamente 100 anos, o nível do mar subiu 20 cm e, apesar de parecer pouco, esse aumento equivale a 72,43 milhões de m³ de água.

Elaborado com base em: Climate Change 2021: the physical science basis. **Intergovernmental Panel on Climate Change**. Cambridge, 2021. Disponível em: https://report.ipcc.ch/ar6/wg1/IPCC_AR6_WGI_FullReport.pdf. Acesso em: 29 nov. 2022.

Se o nível do mar continuar a subir nos próximos 10 anos na mesma proporção citada no texto, a partir da última contagem, o aumento na quantidade de água será, em litro, de aproximadamente:

a) $0{,}7243 \cdot 10^9$ L.

b) $7{,}243 \cdot 10^9$ L.

c) $72{,}43 \cdot 10^9$ L.

d) $724{,}3 \cdot 10^9$ L.

e) $7\,243 \cdot 10^9$ L.

3. NÚMEROS QUADRADOS PERFEITOS

9. Cada parte colorida da figura abaixo representa um número.

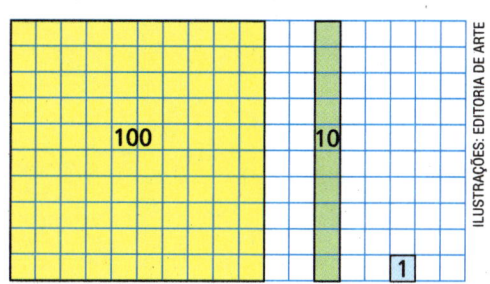

Escreva o número representado nos itens a seguir e determine se são quadrados perfeitos.

a)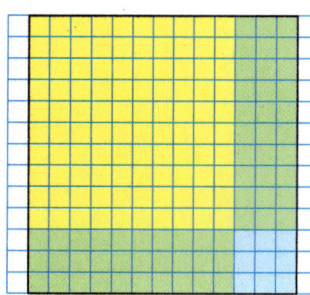

b)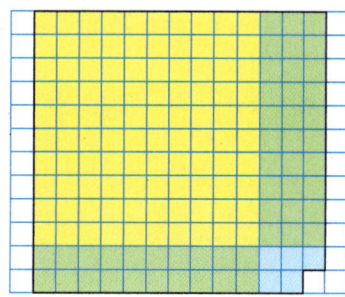

10. Verifique se os números a seguir são quadrados perfeitos.

a) 288

c) 1 458

b) 1 600

d) 6 084

29

4. RAIZ QUADRADA

11. Encontre a raiz quadrada de cada quadrado perfeito.

a) 169

b) 484

c) 1 936

d) 2 601

e) 4 761

f) 5 329

12. Faça o que se pede.

a) Verifique se o número 291 600 é um quadrado perfeito.

b) Qual é a raiz quadrada desse número?

13. Determine a raiz quadrada exata dos números racionais escritos na forma decimal a seguir.

a) 2,56

b) 4,84

c) 7,29

d) 10,24

14. Determine a raiz quadrada de 64%.

15. Uma fazendeira possui um terreno com o formato de um quadrado cuja área é 1 369 m². Ela deseja cercar todo o terreno com exatamente três voltas de arame farpado.

Determine a quantidade de arame farpado, em metro, necessária para cercar o terreno dessa maneira.

16. Obtenha o número natural mais próximo da raiz quadrada de:

a) 145

b) 230

c) 320

17. Determine, com aproximação de uma casa decimal, a raiz quadrada dos números a seguir.

a) 3

b) 30

c) 18

d) 85

18. Determine, com aproximação de uma casa decimal, a raiz quadrada dos números a seguir:

a) 3,5

b) 17,8

c) 10,41

d) 29,36

19. Represente, na forma decimal, com aproximação de uma casa decimal, os seguintes números irracionais.

a) $\sqrt{10}$

b) $\sqrt{84}$

20. Dados os números A = 81, B = 64, C = 9 e D = 4, indique se os números reais a seguir são naturais, racionais não inteiros ou irracionais.

a) $\sqrt{\dfrac{A}{B}}$

b) $\sqrt{B + C \cdot D}$

c) $\sqrt{\dfrac{B + D}{A}}$

d) $\sqrt{\dfrac{B}{C}}$

e) $\sqrt{\dfrac{A}{C}}$

21. Para efetuar as operações, escreva os números reais $\sqrt{2}$, $\sqrt{3}$, $\sqrt{6}$ e $\sqrt{10}$ na forma decimal, com aproximação de duas casas decimais.

a) $\sqrt{2} + \sqrt{3}$

b) $4 - \sqrt{6}$

c) $\sqrt{10} - \sqrt{3}$

d) $\sqrt{6} + \sqrt{2} + \sqrt{3}$

e) $7 \cdot \sqrt{10}$

f) $\sqrt{3} : 2$

g) $10 \cdot \sqrt{2}$

h) $\sqrt{6} : 10$

33

5. OUTRAS RAÍZES

22. O número de ouro, denotado pela letra grega φ, representa a harmonia e pode ser obtido por meio de cálculos que envolvem a chamada **proporção áurea**. Muito utilizado nas Artes, na Arquitetura e na Música, seu valor numérico pode ser expresso pelo número real $\varphi = \dfrac{1 + \sqrt{5}}{2}$. Faça uma estimativa do valor de φ e escreva-o na forma decimal.

23. Determine, se existir, o valor das raízes no conjunto dos números reais.

a) $\sqrt[3]{-1\,331}$

b) $\sqrt[4]{2\,401}$

c) $\sqrt[5]{32}$

d) $\sqrt[6]{-1}$

24. O cubo mágico é um quebra-cabeça tridimensional em que as faces, divididas em quadrados idênticos, podem ser rotacionadas. O objetivo é mover as peças até que todos os quadrados de uma face tenham a mesma cor.

Em um cubo mágico, de volume igual a 125 dm³, as faces são igualmente divididas em quadrados com 1 dm de lado. Determine a quantidade de quadrados em cada face.

25. Encontre os resultados das raízes a seguir.

a) $\sqrt[3]{-\dfrac{1}{343}}$

b) $\sqrt[4]{\dfrac{1}{16}}$

c) $\sqrt[5]{-\dfrac{243}{32}}$

d) $\sqrt[6]{\dfrac{10^{12}}{10^{6}}}$

26. Uma caixa organizadora tem o formato que lembra um cubo e cuja capacidade máxima é de 8 L. Mariana deseja utilizar a caixa para guardar alguns brinquedos do filho. Sabendo que nessa caixa estão guardados blocos de montagem com as medidas indicadas na figura, determine a quantidade máxima de blocos que podem ser empilhados em uma coluna.

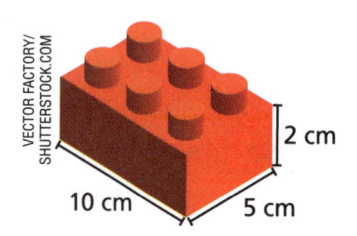

27. Elabore e resolva uma situação-problema que envolva raiz cúbica, volume e litros d'água.

28. Calcule o valor da expressão $\sqrt[3]{18} + \sqrt[3]{125} + \sqrt{16}$.

6. POTÊNCIA COM EXPOENTE FRACIONÁRIO

29. Escreva as potências a seguir na forma de radical.

a) $7^{\frac{2}{3}}$

b) $3^{-0,2}$

c) $0,25^{-\frac{1}{2}}$

d) $\left(\dfrac{4}{9}\right)^{\frac{3}{2}}$

30. Dados os números $A = 4$, $B = 9$, $C = \dfrac{1}{2}$ e $D = \dfrac{1}{3}$, determine os valores de:

a) A^C

b) $(B^D)^B$

c) $B^C + (A^2)^C$

d) $(A^C) + (3B)^D$

e) $(2A)^D + D^{2A}$

31. Resolva a expressão a seguir.

$\left(\dfrac{8}{27}\right)^{\frac{1}{3}} - \left(\dfrac{25}{9}\right)^{\frac{3}{2}}$

32. Considerando $a = \sqrt{2} - 1$, $b = 1$ e $c = \dfrac{1}{2}$, pode-se afirmar que:

   a) $a \cdot b \cdot c$ é racional.

   b) $a + b^c$ é irracional.

   c) $(a : b)^c$ é racional.

   d) $(a^2)^{b \cdot c}$ é racional.

   e) $b \cdot c$ é irracional.

33. Se a é um número real, tal que $0 < a < 1$, então a relação entre $x = a^2$, $y = \sqrt{a}$ e $z = a^{0,2}$ é:

   a) $x = y < z$

   b) $x < y = z$

   c) $x < y < z$

   d) $x > y > z$

   e) $x < z < y$

34. Elabore e resolva uma situação-problema que envolva expoentes fracionários.

_____
_____
_____
_____
_____
_____
_____

UNIDADE 3 — ÂNGULOS E TRIÂNGULOS

1. ÂNGULOS

1. Observe a figura e determine:

a) med(DÂC) _____

b) med(BÂC) _____

c) med(CÂE) _____

d) med(BÂD) _____

e) med(EÂB) _____

f) dois ângulos congruentes _____

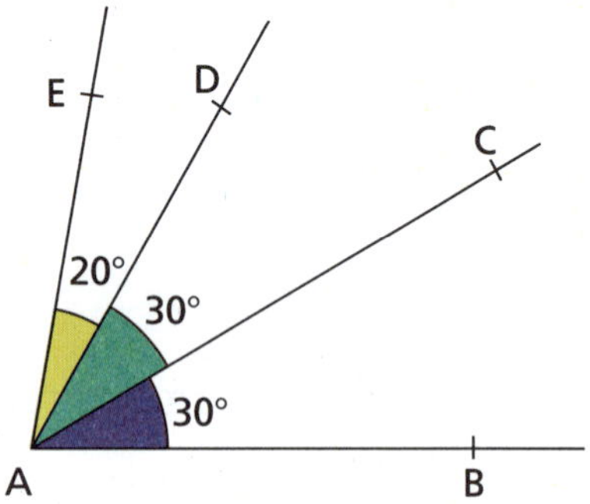

2. O uso do compasso é muito importante para diversos profissionais, como arquitetos, engenheiros e desenhistas industriais. É comum utilizar o compasso para desenhar arcos e circunferências, isso porque, dependendo do ângulo de abertura dele, obtém-se um raio diferente. Observe os compassos a seguir, cada qual com um ângulo de abertura, e assinale o que indica um ângulo obtuso.

a) 45°

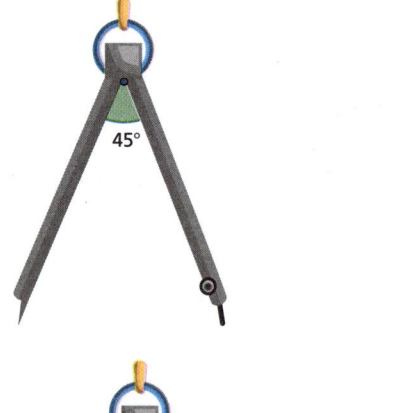

b) 120°

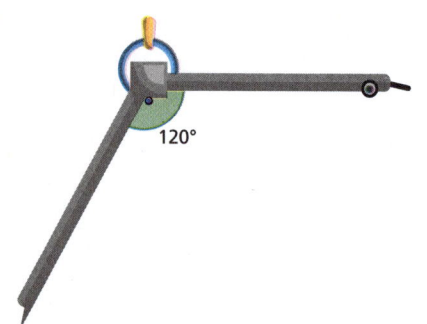

c) 90°

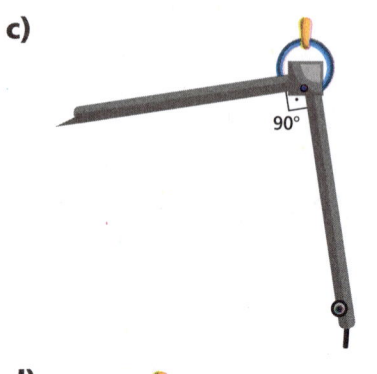

d) 30°

38

3. Classifique os ângulos destacados na figura como reto, agudo ou obtuso.

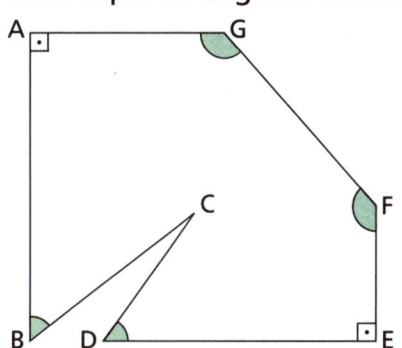

4. Observe as figuras e responda às perguntas.

a) 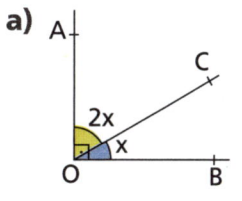
- Qual é a medida do ângulo AÔB?
- Qual é o valor de x?
- Qual é a medida do ângulo AÔC?
- Qual é a medida do ângulo BÔC?

b) 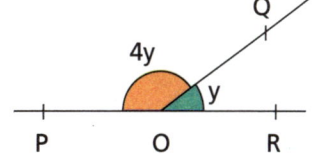
- Qual é a medida do ângulo PÔR?
- Qual é o valor de y?
- Qual é a medida do ângulo PÔQ?
- Qual é a medida do ângulo QÔR?

5. Em cada figura, calcule o valor de x, em grau.

a)

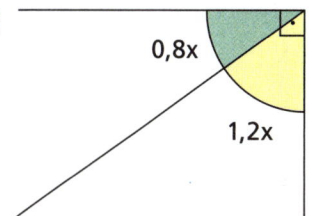

b)

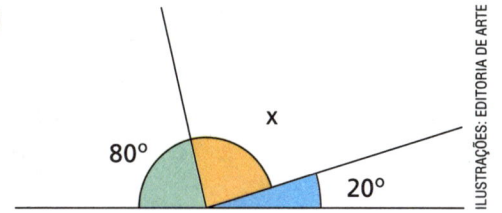

6. O esquema a seguir representa avenidas que partem de uma praça representada pelo ponto O e chegam aos estabelecimentos indicados pelos pontos A, B, C e D.

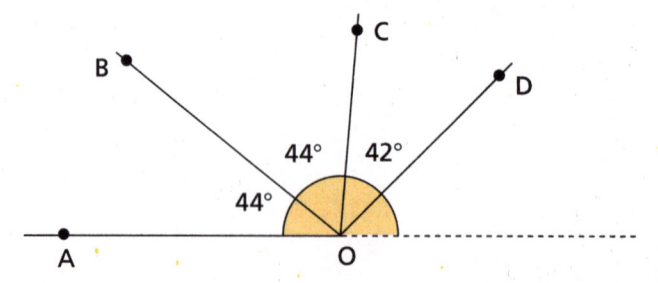

De acordo com o esquema, responda:

a) uma pessoa que vem de A, quando chega ao ponto O, deve fazer um giro de quantos graus para seguir em direção a C?

_____

b) uma pessoa que vem de D, quando chega ao ponto O, deve fazer um giro de quantos graus para seguir em direção ao estabelecimento que está na bissetriz do ângulo AÔC?

_____

7. Na figura a seguir, $\overrightarrow{OM}$ é a bissetriz de AÔB, e $\overrightarrow{ON}$ é a bissetriz de AÔM.

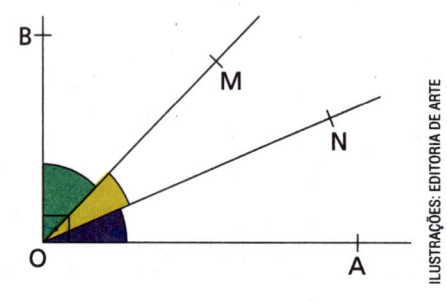

Qual é a medida do ângulo:

a) AÔM? _____

b) AÔN? _____

40

8. A semirreta $\overrightarrow{OC}$ é a bissetriz de BÔD, e a semirreta $\overrightarrow{OE}$ é a bissetriz de AÔD. Calcule o valor de x, y e z.

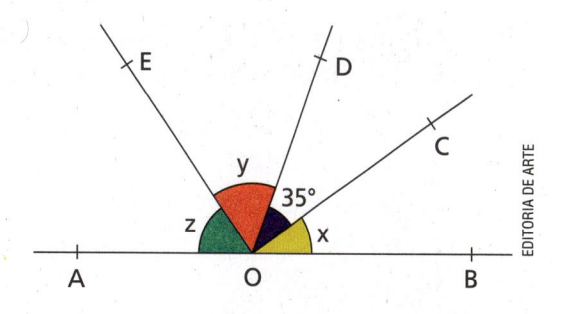

___

9. Determine a medida correspondente ao:

a) complemento de um ângulo de 46°.

___

b) suplemento de um ângulo de 142°.

___

c) complemento do suplemento de um ângulo de 163°.

___

d) suplemento do complemento de um ângulo de 3°.

___

10. Assinale a alternativa que apresenta corretamente o valor do complemento do ângulo 50,30°.

a) 9,70°   b) 39,70°   c) 40,70°   d) 129,70°   e) 130,70°

11. Calcule:

a) o dobro da medida do complemento de um ângulo de 53,20°.

b) a metade da medida do suplemento de um ângulo de 126,30°.

___

12. O dobro da terça parte da medida do complemento de um ângulo x é igual a 22°. Quanto mede esse ângulo?

___

41

13. Ademar tem um quebra-cabeça. Para montá-lo corretamente, é necessário utilizar uma peça cuja medida do ângulo central é igual à medida do ângulo suplementar da peça que encaixa na primeira. A alternativa que indica corretamente a peça que completa a peça apresentada é:

112,30°

a) 67,70°

c) 77,70°

b) 37,70°

d) 47,70°

14. Dois ângulos, cujas medidas são x e y, são complementares, e a diferença entre suas medidas é 42°. Calcule as medidas x e y.

15. Observando a imagem a seguir, que relações podemos estabelecer entre as medidas:

a) a e b? _____

b) a e c? _____

c) b e d? _____

d) c e d? _____

e) a, b, c e d? _____

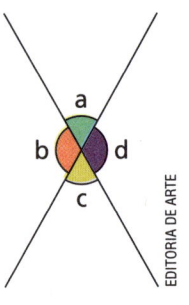

42

16. Determine as medidas *x* e *y* em cada caso.

a)

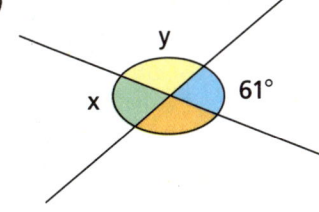

b)

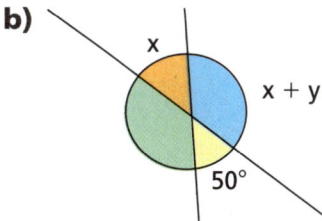

17. Sabendo que dois ângulos opostos pelo vértice têm suas medidas, em grau, expressas por $4x - 60°$ e $80° - 3x$, determine a medida desses ângulos.

2. TRIÂNGULOS

18. Observando o triângulo da figura ao lado, identifique:

a) o lado oposto ao ângulo $\hat{R}$. _____

b) o ângulo oposto ao lado $\overline{RT}$. _____

c) os lados que formam o ângulo $\hat{T}$. _____

19. Observe os triângulos a seguir e indique o maior lado em cada caso.

a)

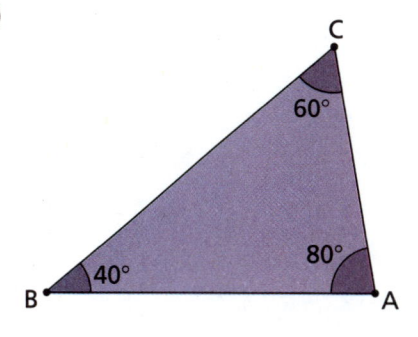

b)

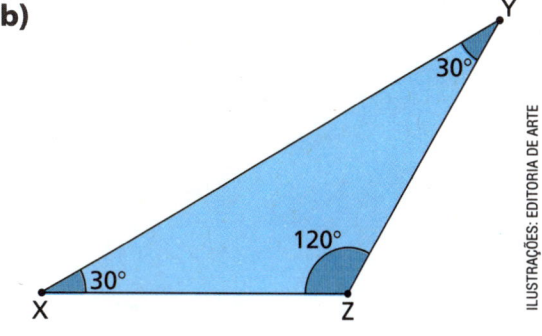

20. Classifique os triângulos a seguir de acordo com as medidas dos ângulos e dos lados.

a) 4,3 cm; 21°; 3,4 cm; 120°; 39°; 2 cm

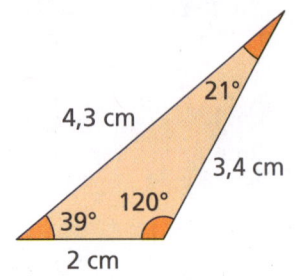

b) 73°; 5,2 cm; 3,6 cm; 67°; 40°; 5,5 cm

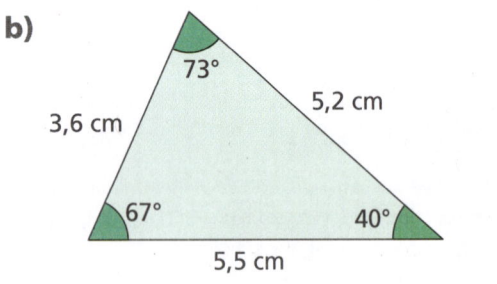

c) 5,1 cm; 32°; 3,2 cm; 6 cm; 58°

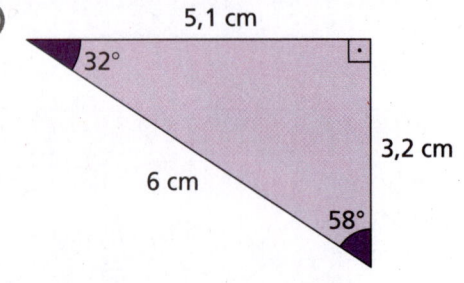

d) 29°; 5,5 cm; 3 cm; 122°; 29°; 3 cm

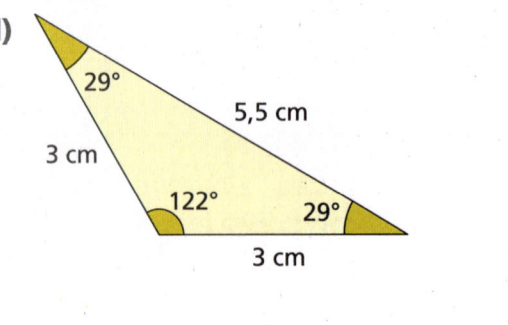

21. Analise os triângulos, classifique-os quanto às medidas dos lados e escreva uma **expressão algébrica** que represente o perímetro de cada um deles.

a) 3a; 3a; 3a

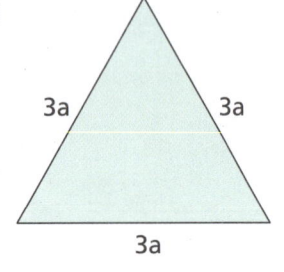

b) x; x − 1; x + 1

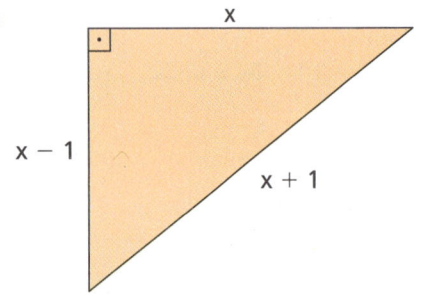

c) c; c; a

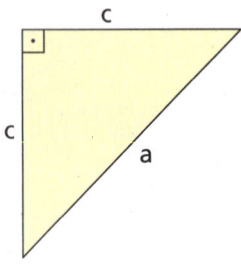

d) x + 5; x − 1; x + 2

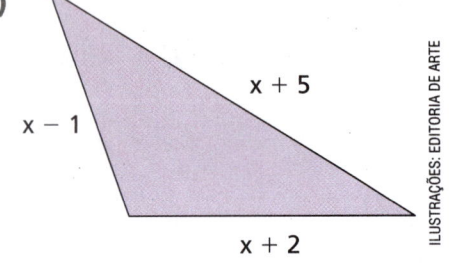

44

22. Mirian é professora de Matemática e, em uma de suas aulas, um estudante solicitou ajuda para resolver o problema ao lado.

De acordo com o enunciado do problema, o triângulo pode ser:

a) escaleno e retângulo.

b) equilátero e obtusângulo.

c) equilátero e acutângulo.

d) isósceles e acutângulo.

e) isósceles e obtusângulo.

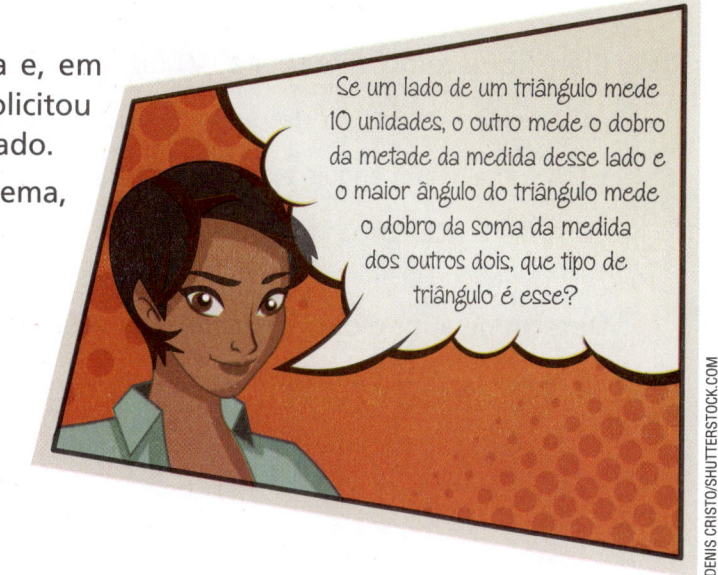

> Se um lado de um triângulo mede 10 unidades, o outro mede o dobro da metade da medida desse lado e o maior ângulo do triângulo mede o dobro da soma da medida dos outros dois, que tipo de triângulo é esse?

23. Um automóvel saiu do ponto A, passou por B, por C e retornou a A, conforme o esquema ao lado. O veículo percorreu, em linha reta, 23,5 km. Sabendo que as medidas de $\overline{AB}$ e $\overline{AC}$ são iguais e, de acordo com as indicações do esquema, calcule as medidas de $\overline{AB}$, $\overline{AC}$ e $\overline{BC}$.

24. Um dos lados de um triângulo isósceles mede 5 cm e os outros dois lados medem o triplo da medida desse lado. Qual é o perímetro de um triângulo equilátero cujos lados têm o dobro da medida do maior lado desse triângulo isósceles?

25. Existe uma propriedade na Matemática que nos permite verificar se é possível construir um triângulo dadas as medidas desejadas para os lados. Essa propriedade é chamada **desigualdade triangular** e define que, dados segmentos de reta de medida a, b e c, é possível construir um triângulo desde que:

a + b > c   a + c > b   b + c > a

Uma arquiteta planeja construir um jardim triangular fazendo uso dessa propriedade. Das medidas a seguir, só é possível construir o jardim se os lados medirem:

a) 2 m, 2 m e 5 m.

b) 2 m, 3 m e 6 m.

c) 3 m, 10 m e 8 m.

d) 5 m, 5 m e 10 m.

26. Classifique como verdadeira (V) ou falsa (F) cada afirmação a seguir.

a) A soma das medidas dos ângulos externos de um triângulo é 180°. ( )

b) A soma de um ângulo externo com o ângulo interno adjacente é sempre um ângulo raso. ( )

c) A medida de um ângulo interno de um triângulo é sempre menor do que 180°. ( )

27. Determine a medida x indicada nos triângulos a seguir.

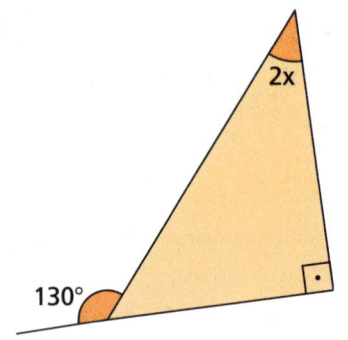

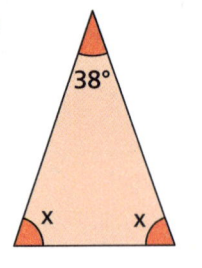

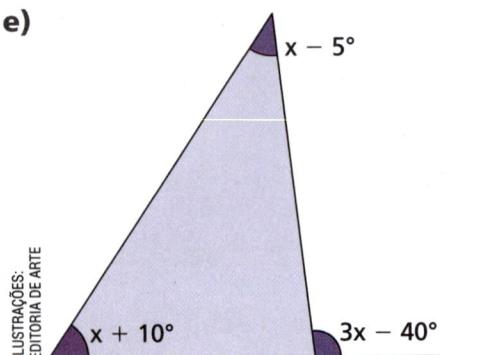

a) (triângulo com ângulos 20°, 3x e x)

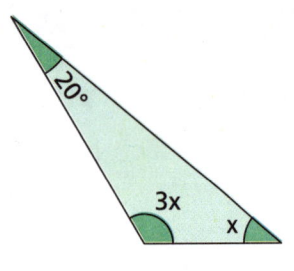

b) (triângulo com ângulo 38° e dois ângulos x)

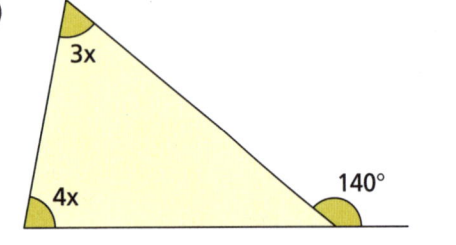

c) (triângulo com ângulos 3x, 4x e ângulo externo 140°)

d) (triângulo com ângulo 2x, ângulo reto e ângulo externo 130°)

e) (triângulo com ângulos x − 5°, x + 10° e 3x − 40°)

28. Os ângulos internos de um triângulo têm medidas x, 2x e y e seus respectivos ângulos externos adjacentes medem a, b e (4x − 20°). Determine as medidas de todos os ângulos desse triângulo.

29. Quando traçamos uma diagonal em um quadrado, ele fica dividido em dois triângulos congruentes. Qual é a medida dos ângulos internos desses triângulos?

30. Calcule o valor, em grau, de x.

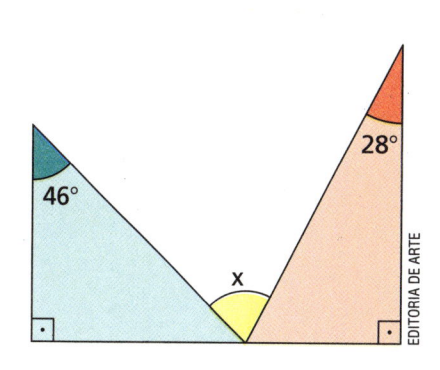

47

31. Um triângulo possui vértices A, B e C. Identifique o triângulo cuja altura relativa a um dos lados é o segmento $\overline{AH}$.

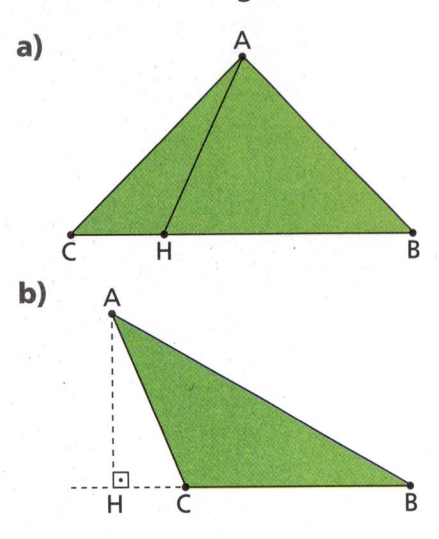

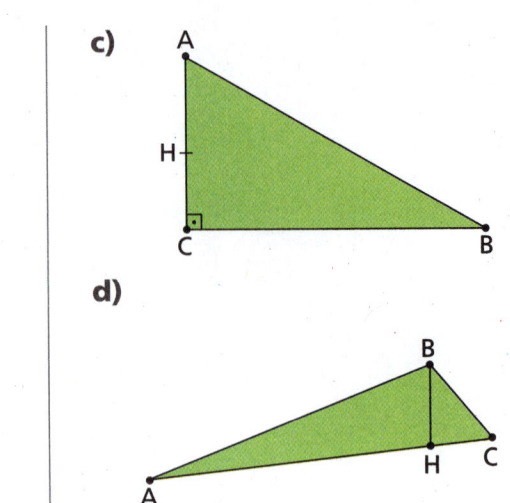

a)

c)

b)

d)

32. Encontre o valor de y, em grau.

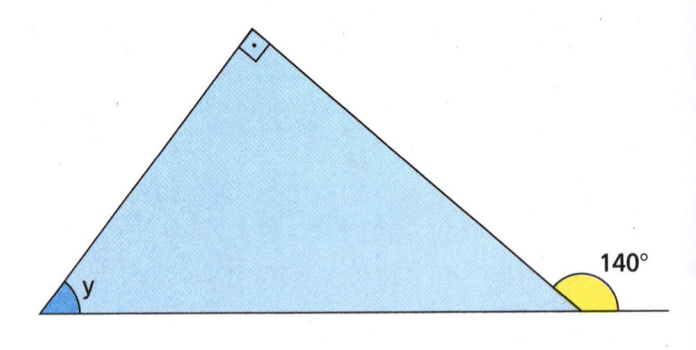

33. Determine as medidas dos ângulos internos do triângulo verde.

48

34. Na figura a seguir, $\overline{AH}$ é uma altura e $\overline{BI}$ é outra altura do triângulo ABC. Determine as medidas dos ângulos $\hat{a}$, $\hat{b}$ e $\hat{c}$ indicados.

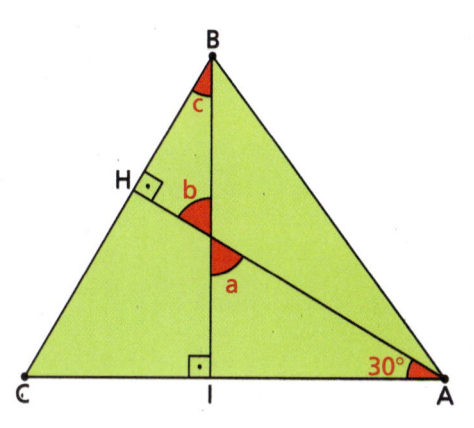

35. Em um triângulo ABC, o segmento $\overline{CP}$ é uma bissetriz. Identifique, a seguir, a figura em que isso se verifica.

a)

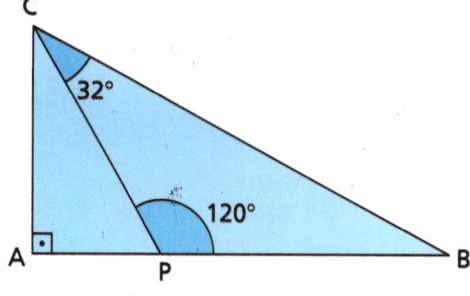

b)

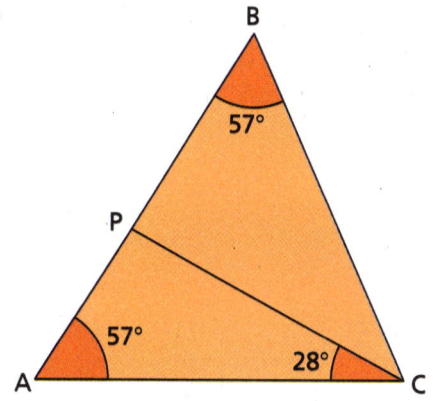

c)

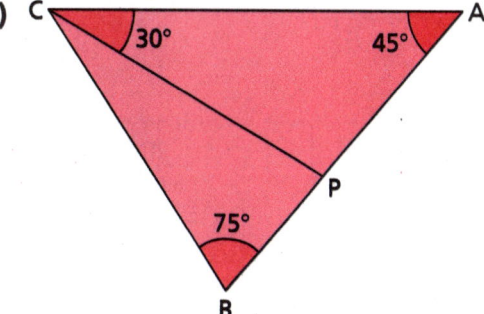

d)

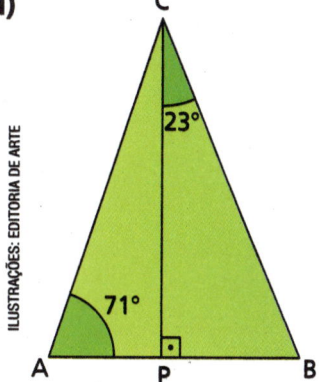

49

36. Identifique se $\overline{AD}$ indicado nos triângulos a seguir representa uma altura, uma bissetriz ou uma mediana.

a)

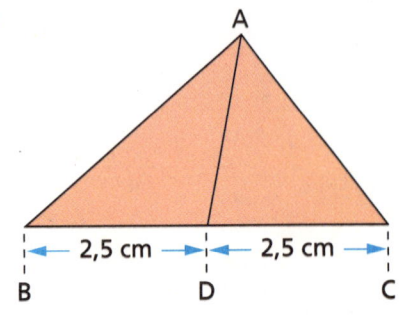

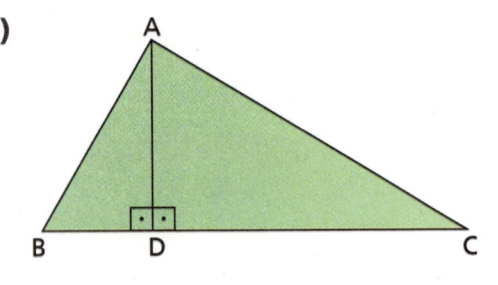

b)

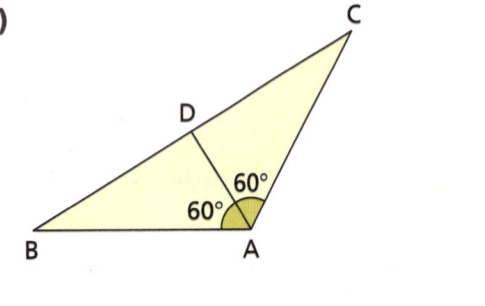

c)

d)

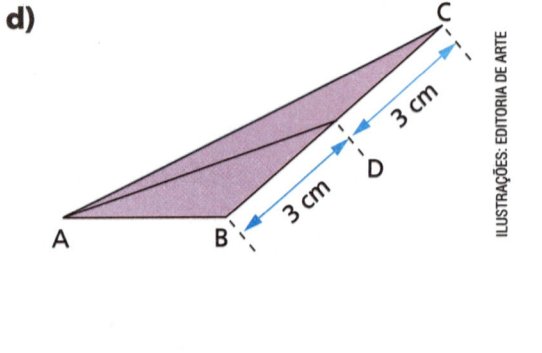

37. Em um triângulo ABC, a altura relativa à base $\overline{BC}$ divide esse triângulo em dois triângulos congruentes.

a) Se BC = 18 cm e o perímetro do triângulo ABC é 54 cm, determine a medida dos três lados do triângulo ABC.

b) Classifique o triângulo ABC quanto às medidas dos lados.

c) Quais são as medidas dos três ângulos internos do triângulo ABC? Com base nessa informação, classifique esse triângulo quanto às medidas dos ângulos internos.

38. No triângulo representado a seguir, o segmento $\overline{CM}$ é uma das medianas.
O perímetro desse triângulo é 50 cm.
Determine as medidas dos lados do triângulo ABC.

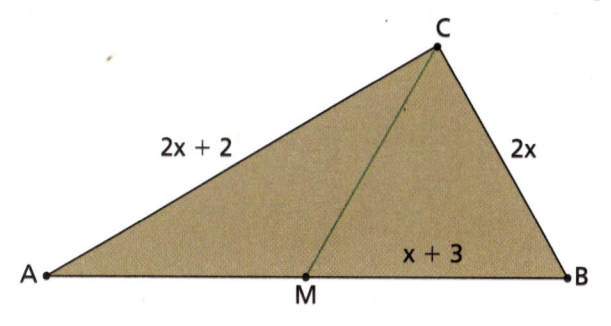

39. Ao lado, estão representados um triângulo e uma das bissetrizes. Calcule a medida dos ângulos externos desse triângulo.

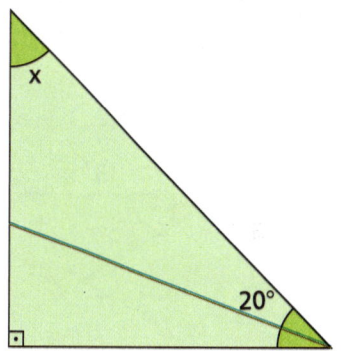

40. No triângulo a seguir, o ângulo interno $A\hat{B}C$ mede 56°, e o ângulo interno $A\hat{C}B$ mede 76°.
O segmento $\overline{BD}$ é a bissetriz de $A\hat{B}C$, e $\overline{CE}$ é a bissetriz de $A\hat{C}B$.
Determine as medidas x e y indicadas.

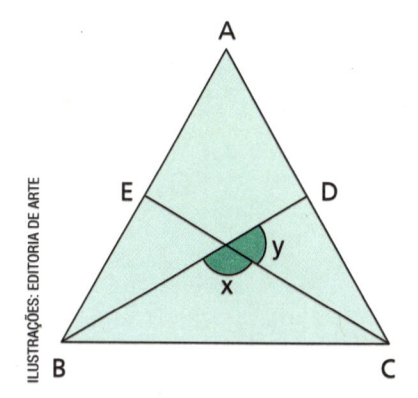

51

3. CONGRUÊNCIA DE TRIÂNGULOS

41. Um triângulo ABC tem um lado que mede 6 cm e outro de 8 cm e é congruente a um triângulo FGH, que tem um lado de 5 cm e outro de 8 cm.

a) Qual deve ser a medida do terceiro lado do triângulo ABC? Justifique sua resposta.

_____

_____

_____

b) Calcule o perímetro do triângulo FGH.

_____

42. Identifique o caso de congruência de cada par de triângulos a seguir.

a)

b)

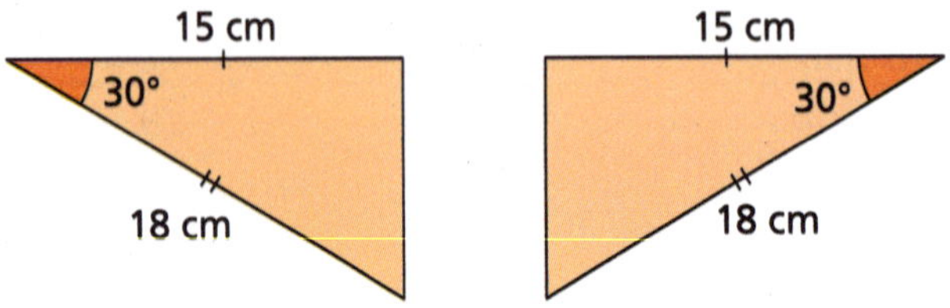

c)

d)

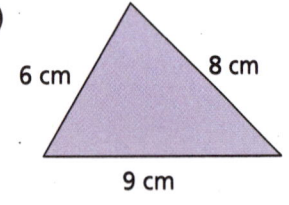

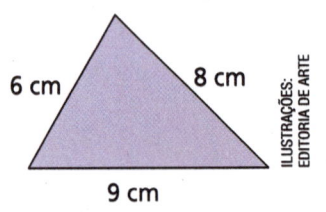

52

43. As marcações nos triângulos ABC e RST a seguir indicam os elementos congruentes.

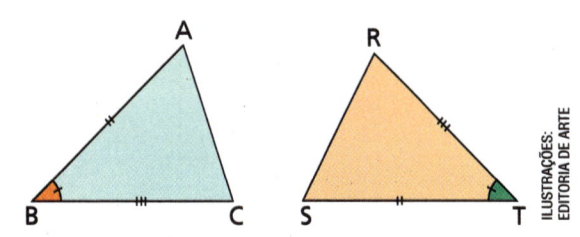

a) Qual é o caso de congruência desses triângulos? _____

b) AĈB é congruente a qual ângulo do △RST? _____

c) $\overline{AC}$ é congruente a qual lado do △RST? _____

d) BÂC é congruente a qual ângulo do △RST? _____

44. Um triângulo ABC é isósceles e um dos ângulos internos mede 100°. Um triângulo DEF tem dois lados congruentes entre si e congruentes, respectivamente, a dois lados do triângulo ABC. Se o triângulo DEF tem um ângulo interno de 100°, é verdade que:

a) apenas um desses triângulos é obtusângulo.

b) os dois triângulos são congruentes, mas apenas um deles é isósceles.

c) os dois triângulos são congruentes.

d) o triângulo ABC pode não ser congruente ao triângulo DEF.

45. Poliana fez a dobradura de um cata-vento, como na imagem a seguir. Para montá-lo, ela utilizou pedaços de papel dobrados que lembram triângulos isósceles congruentes de dois tipos, sendo a medida do menor lado do triângulo escuro igual à metade da medida do maior lado do triângulo claro. Ela deseja decorar as bordas do cata-vento com fita. Determine as medidas *x* e *y*, além da quantidade *P*, em centímetro, de fita de que ela precisará.

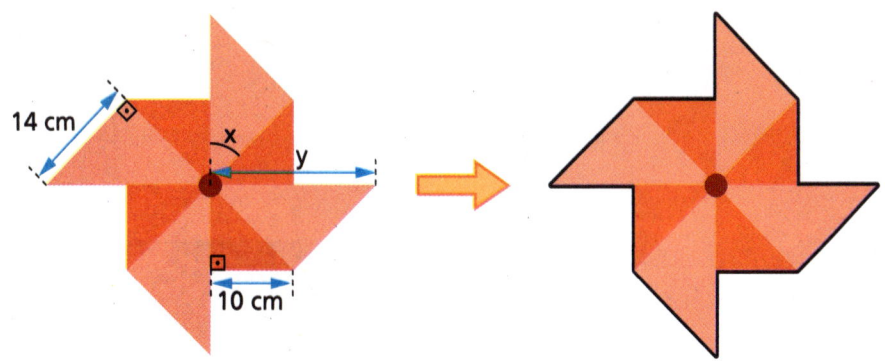

a) x = 30°; y = 14 cm; P = 96 cm.

b) x = 30°; y = 14 cm; P = 136 cm.

c) x = 45°; y = 20 cm; P = 96 cm.

d) x = 45°; y = 20 cm; P = 136 cm.

e) x = 60°; y = 20 cm; P = 136 cm.

46. Na figura ao lado, $\overline{EF}$ // $\overline{DC}$ // $\overline{AB}$ e $\overline{DC} \cong \overline{EF}$. Determine:

a) o caso de congruência que permite afirmar que △EFG ≅ △DCG.

b) o perímetro do △ABG, sabendo que D é ponto médio de $\overline{AG}$, C é ponto médio de $\overline{BG}$ e $\overline{DC} = \dfrac{AB}{2}$.

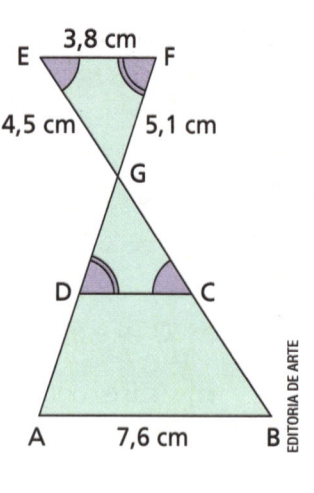

47. Um triângulo ABC tem perímetro de 60 cm e um triângulo FGH tem um lado medindo x, outro medindo 2x, e o terceiro lado medindo 18 cm. Qual é o valor de x para que os triângulos ABC e FGH sejam congruentes?

4. PROPRIEDADES DOS TRIÂNGULOS

48. Um triângulo isósceles é congruente a um triângulo retângulo. Determine a medida dos ângulos internos desse triângulo isósceles.

49. Na construção civil, é comum o uso de vigas metálicas dispostas em formato triangular, pois, dessa maneira, elas permitem maior rigidez e sustentação da obra. Em uma construção, as vigas foram dispostas de modo que lembram triângulos isósceles (em vermelho) e triângulos retângulos (em verde), como mostra a imagem. Determine a medida do ângulo $\hat{x}$.

50. Maurits Cornelis Escher (1898–1972) foi um artista gráfico neerlandês famoso por suas gravuras e construções que envolvem conceitos geométricos. Ele utilizou a técnica de *tesselation*, em que é possível encaixar figuras planas uma à outra como em um quebra-cabeça. Esse "encaixe" só ocorre quando as figuras formam triângulos equiláteros, quadrados e hexágonos regulares ou quando a soma da medida dos ângulos internos, ao redor de um ponto em comum, é igual a 360°. Analise a figura a seguir, inspirada nas obras de Escher.

A construção dessa figura só é possível por causa das propriedades do:

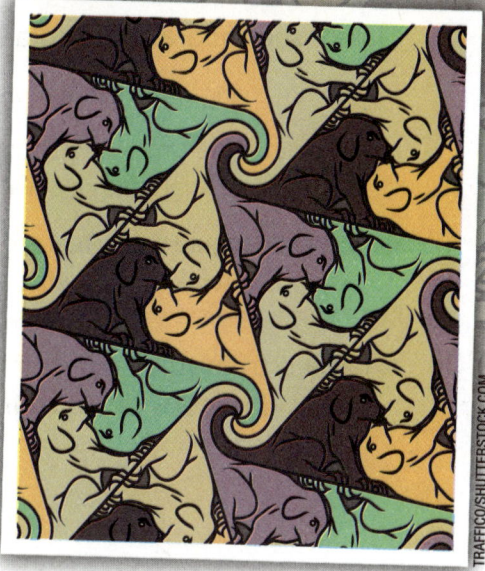

a) quadrado e de seus ângulos internos retos.

b) triângulo equilátero e de seus lados distintos.

c) triângulo equilátero e de seus ângulos congruentes.

d) triângulo isósceles e de seu par de lados homólogos.

e) triângulo isósceles e de seu par de ângulos congruentes.

▶ Imagem inspirada nas obras de Escher.

51. ABCDF é um pentágono regular, e DEF é um triângulo isósceles, com $\overline{FD} \cong \overline{FE}$. Determine as medidas *x* e *y* indicadas na figura.

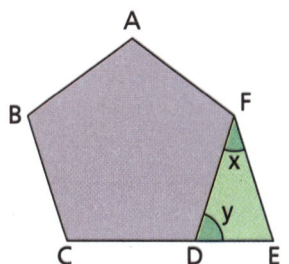

52. Na figura a seguir, temos r // s. Sabendo que o triângulo AMN é isósceles, determine as medidas *x* e *y* indicadas.

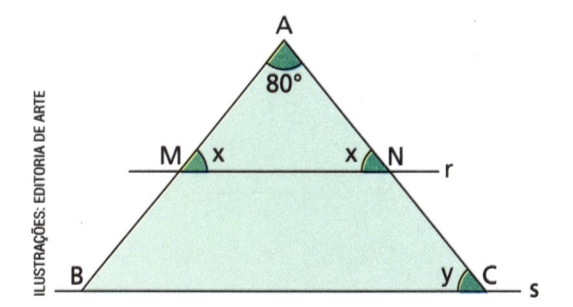

53. Classifique cada afirmação a seguir como verdadeira (V) ou falsa (F).

   a) Em um triângulo equilátero, as alturas também são medianas, mas diferem das bissetrizes. (   )

   b) A bissetriz de um triângulo isósceles relativa ao ângulo formado pelos lados congruentes é a altura desse triângulo relativa à base dele. (   )

   c) Se um triângulo é equilátero, qualquer bissetriz divide em duas partes congruentes o lado oposto ao ângulo relativo à bissetriz considerada. (   )

54. Analise o triângulo isósceles e a bissetriz do ângulo do vértice A destacada. Calcule as medidas dos lados desse triângulo, sabendo que o perímetro é 26 cm.

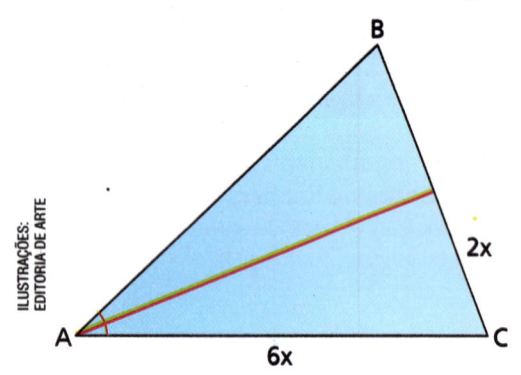

5. CONSTRUÇÕES GEOMÉTRICAS

55. Usando um compasso, trace a bissetriz de cada um dos ângulos.

   a)

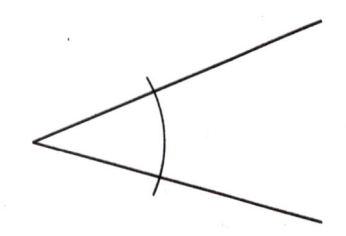

   b)

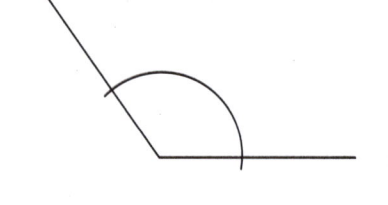

56. Usando um compasso, trace as bissetrizes dos triângulos e indique o incentro.

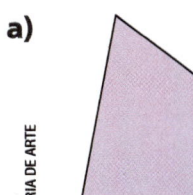

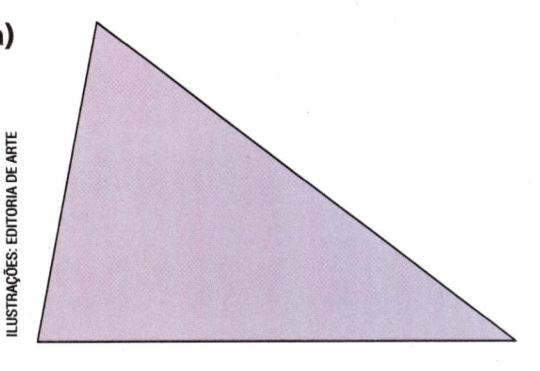

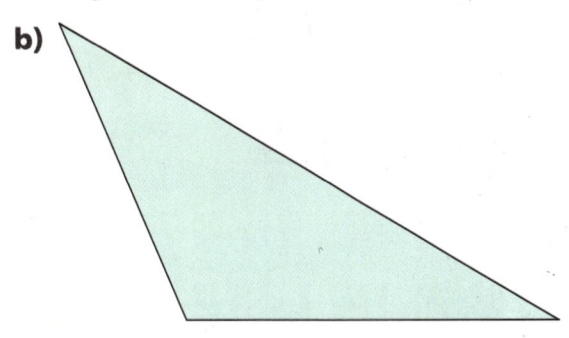

a)

b)

57. Meça o lado $\overline{BC}$ dos triângulos, marque o ponto médio *M* desse lado utilizando o compasso e trace a mediana relativa ao lado $\overline{BC}$.

a)

b)

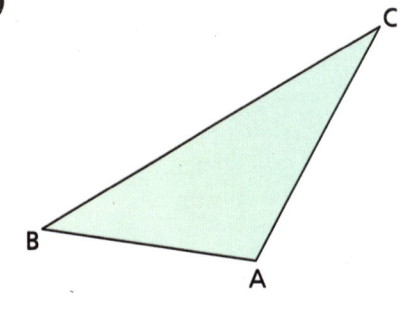

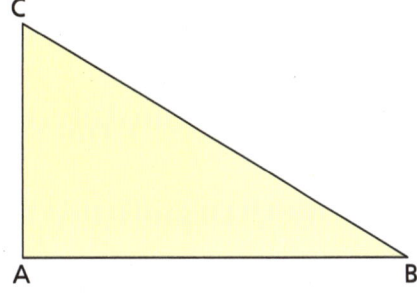

58. A prefeitura de um município deseja construir uma praça central que esteja à mesma distância dos três principais pontos turísticos: *A*, *B* e *C*. Indique a localização do centro dessa praça no mapa a seguir.

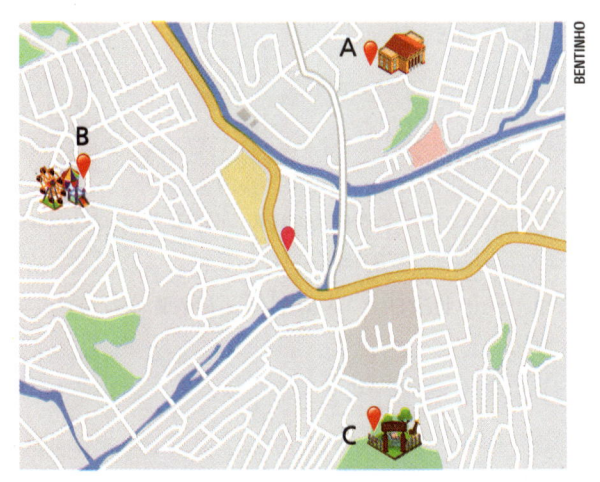

57

UNIDADE 4 — EXPRESSÕES E CÁLCULO ALGÉBRICO

1. USO DE LETRAS PARA REPRESENTAR NÚMEROS

1. Considerando x um número real e n um número natural, represente:

a) o dobro de n.

b) o quadrado de x.

c) a terça parte de x.

d) a soma de x e n.

e) a diferença entre x e n.

f) a raiz quadrada do produto de n por x, supondo esse produto não negativo.

2. João abriu uma conta bancária e nela depositou o salário dele. Dois dias depois, sacou a metade do valor depositado. Indicando por x o valor do depósito, represente a quantia que sobrou na conta após o saque.

3. Em uma papelaria, há dois tipos de cola escolar à venda. Uma das colas custa x reais e a outra custa 75% do valor da primeira.

Escreva o valor da cola mais barata usando a letra x.

2. EXPRESSÕES ALGÉBRICAS OU LITERAIS

4. Qual expressão algébrica representa o perímetro deste polígono?

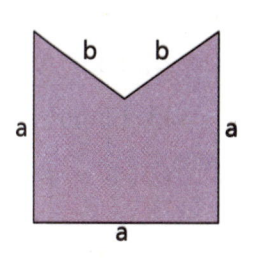

_____

5. Um prêmio em dinheiro será dividido entre três pessoas da seguinte maneira: uma vai receber x reais, a outra, y reais, e a terceira, a metade da soma das quantias recebidas pelas outras duas pessoas. Escreva uma expressão algébrica que represente a quantia recebida pela terceira pessoa.

_____

6. Escreva a expressão algébrica que representa a área:

a) do quadrado Ⓐ. _____

b) do retângulo Ⓑ. _____

c) do retângulo Ⓒ. _____

d) da figura completa. _____

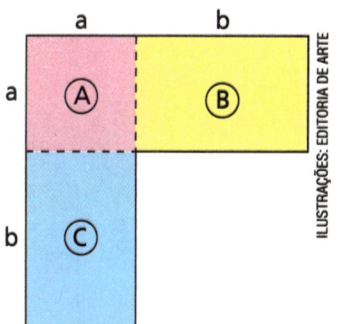

7. Em uma partida de basquete, todo jogador presente em quadra pode fazer cestas de 1 ponto, de 2 pontos e de 3 pontos. Um jogador fez 70 pontos em uma partida, acertando 10 arremessos de 3 pontos e y arremessos de 1 ponto. Determine uma expressão algébrica que represente a pontuação adquirida com os arremessos de 2 pontos desse jogador.

8. Qual expressão algébrica representa a área do jardim da figura?

a) m^2

b) $(m - n)^2$

c) $(2mn)^2$

d) $m^2 - n^2$

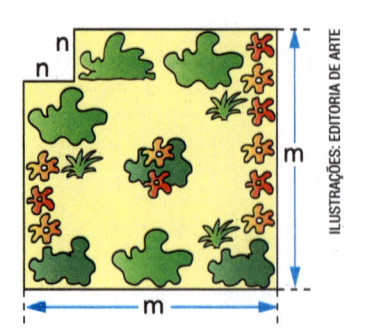

9. Escreva uma expressão algébrica que represente a área da região destacada em verde na figura, composta de um quadrado de lados medindo *a* e de um retângulo com lados medindo *b* e *c*.

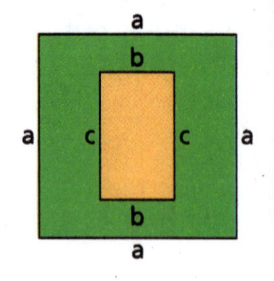

_____

_____

10. Analise a figura de um cubo e a planificação da superfície correspondente.

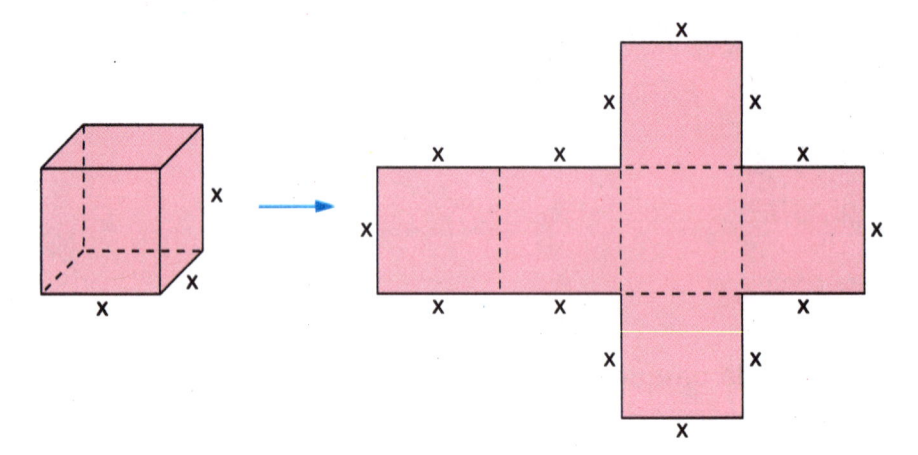

Escreva uma expressão algébrica para representar a área da superfície desse cubo.

_____

11. Escreva a expressão algébrica que representa:

a) a soma do quadrado do número real *x* com o dobro do número real *y*. _____

b) o produto do quadrado do número real *x* com o número real *y*. _____

c) o produto do cubo do número real *a* com o quadrado do número real *x*. _____

d) o quociente do número real *a* pelo dobro do número real *c* (c ≠ 0). _____

e) o quociente do quadrado do número real *x* pelo cubo do número real *y* (y ≠ 0). _____

f) a diferença entre os quadrados dos números reais *r* e *s*. _____

3. VALOR NUMÉRICO DE UMA EXPRESSÃO ALGÉBRICA

12. Determine o valor numérico das expressões:

a) $6x^2 - 5x - 1$, para $x = -3$.

b) $p^2 - mp + 2m$, para $p = 1,2$ e $m = -1,7$.

13. Analise cada expressão a seguir.

$$(a - b) \cdot (a + b) \qquad a^2 - b^2$$

Determine o valor numérico dessas expressões para:

a) $a = 1$ e $b = 2$.

b) $a = -3$ e $b = 2$.

14. Determine o valor numérico de $\dfrac{a^2 + b}{a - b}$ para $a = -2$ e $b = 4$.

15. A quantidade de diagonais de um polígono é dada por $\dfrac{n \cdot (n-3)}{2}$, em que n representa o número que indica a quantidade de lados do polígono.
Quantas diagonais possui um polígono de 15 lados?

___

16. Determine o valor numérico das expressões indicadas a seguir para $x = -1,1$ e $y = 0,5$.

a) $(x + y)(x - y)$

b) $\dfrac{x + y}{x - y}$

17. Calcule o valor numérico da expressão $\dfrac{5x^3 - 2x^2 + 5}{x - 1}$ para:

a) $x = -1$

b) $x = 3$

18. Considere a expressão $\dfrac{x - 2}{x - 1}$.

Assinale a alternativa que apresenta o número para o qual a expressão não tem valor numérico.

a) 1

b) 2

c) 3

d) 0

19. Determine os números para os quais as expressões algébricas a seguir não possuem valor numérico.

a) $\dfrac{x-3}{x}$

b) $\dfrac{2x}{x-8}$

c) $\dfrac{x+4}{1-2x}$

d) $\dfrac{x+y}{2-2y}$

20. Uma pessoa faz uma aplicação depositando mensalmente, durante 8 meses, a mesma quantia no banco. Após esse período, o banco credita na conta dessa pessoa um valor de 10% da quantia depositada mensalmente.

a) Escreva uma expressão algébrica que corresponda ao saldo dessa pessoa após o crédito do banco, considerando apenas os depósitos mensais e o rendimento da aplicação.

b) Calcule o valor numérico dessa expressão quando a quantia depositada mensalmente for 85 reais.

21. Assinale a alternativa que apresenta expressões que não têm valor numérico em $\mathbb{R}$ para $x = 3$ e $x = 0$, respectivamente.

a) $\dfrac{2}{x}$, $x - 3$

b) $\dfrac{6}{x-3}$, x^2

c) $\dfrac{9}{x-3}$, $\dfrac{1}{\sqrt{x-1}}$

d) $x - 3$, $\sqrt{x}$

63

4. MONÔMIO OU TERMO ALGÉBRICO

22. Represente com um monômio o aumento de 12% no preço de um produto, considerando que ele custava *y* antes do aumento.

---

23. Qual monômio representa o perímetro de cada figura a seguir?

a) pentágono com lados *a*

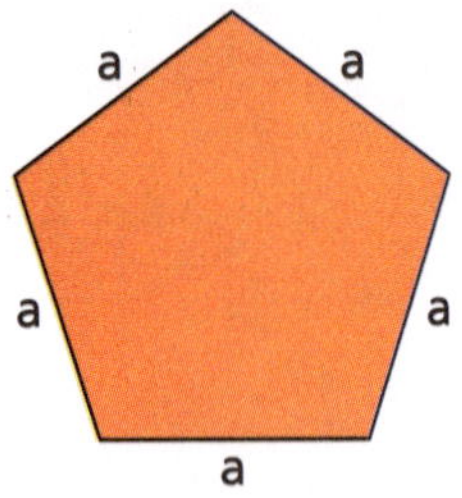

b) hexágono com lados *b*

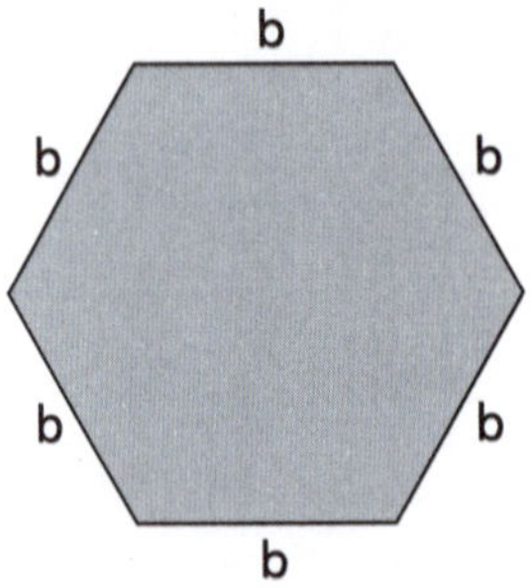

c) octógono com lados *c*

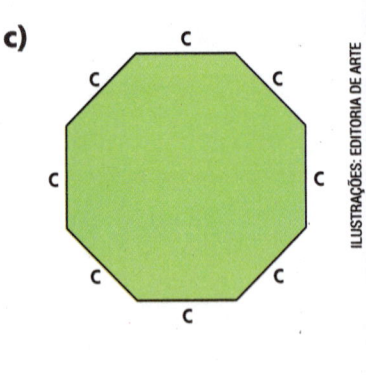

24. Escreva o monômio que representa a área das figuras.

a) retângulo de lados *x* e *y*

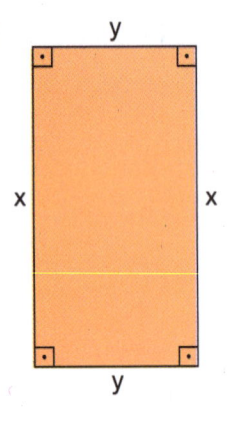

b) quadrado de lado *a*

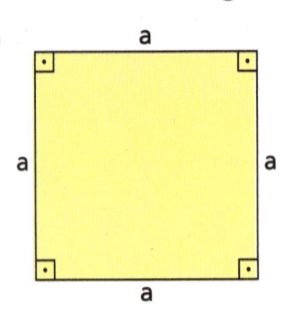

c) retângulo de lados *m* e *n*

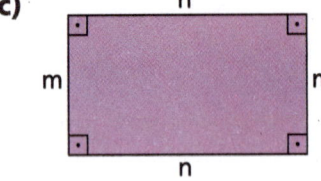

25. Escreva o monômio que representa o volume de cada um dos seguintes blocos retangulares.

a) bloco com dimensões *x*, *y* e 2

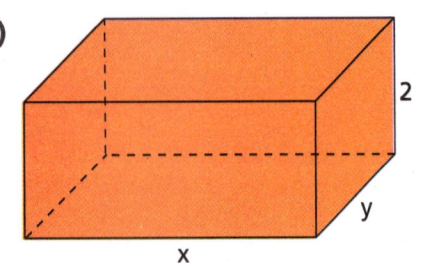

b) bloco com dimensões *a*, 2 e 5

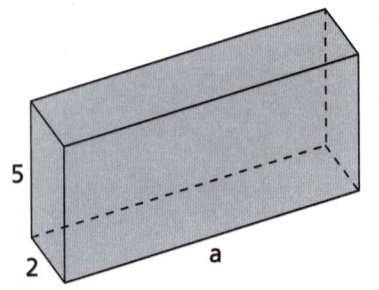

26. Assinale as alternativas que apresentam monômios.

a) 3a
b) 67
c) x^4
d) ay
e) $\dfrac{1}{x}$
f) x + y
g) 5k
h) $\dfrac{x}{x+y}$

27. Identifique o coeficiente e a parte literal dos monômios.

a) $20x^3$: _____

b) $-x^4y^4$: _____

c) $-9m^2n^3$: _____

d) x^2y^2: _____

28. Mantendo a parte literal de cada monômio, escreva um monômio cujo coeficiente seja o dobro do coeficiente do monômio dado em cada item.

a) 2xy: _____

b) $-7yx^2$: _____

c) $1,3y^2x^3$: _____

d) $-2,5a^3b^3$: _____

e) $3,2xy^2$: _____

f) $3a^2b^2$: _____

29. Classifique cada afirmação como verdadeira ou falsa e justifique sua resposta para as sentenças falsas.

a) O monômio $3x^2 + 4$ tem a parte literal igual a x^2.

_____

b) A expressão $4y - 3x^2 - 4y$ pode ser reduzida a um monômio com parte literal igual a x^2.

_____

c) $4xy^2$ é um monômio e xy é a parte literal.

_____

d) 4xy, −23yx e 7yx são três monômios com a mesma parte literal.

_____

65

30. Assinale a alternativa que apresenta um monômio do 6º grau.

a) $2x^2y^5$

b) ab^2c^4

c) $9m^2n^4$

d) k^5

31. Adriano emprestou $2a^2$ reais para Bianca pagar um boleto. Alguns dias depois, Bianca recebeu o seu salário, equivalente a $5a^4b^2 + 2a^2$ reais. Assinale o monômio que representa o restante do salário de Bianca, em reais, após devolver para Adriano a quantia emprestada.

a) $-2a^2$
b) $2a^2$
c) 0
d) $5a^4b^2$

32. Assinale a expressão cuja forma reduzida é $-3ab^2c^3$.

a) $x^2 - ab^2c^3 + 2x^2$

b) $z^3 + 5ab^2c^2 - 8ab^2c^3 - z^3$

c) $4z^3 + 5ab^2c^3 - 8ab^2c^3 - 4z^3$

d) $t^5 + 5ab^2c^3 - t^5 - 8a^2bc^3$

33. Reduza as expressões a um só termo.

a) $-52a^2 + 60a^2$

b) $3,9x^3 - 5,4x^3$

c) $bc - \dfrac{3}{5}bc$

d) $5ax - 11ax + 9ax - ax$

e) $xy - 7xy - 2xy + 13xy - 6xy$

f) $2a^3 - 0,5a^3 - 0,75a^3 + 1,2a^3$

g) $7x^2y^5 + 3x^2y^5 - 12x^2y^5 - 5x^2y^5 + 10x^2y^5$

h) $-21a^2x + 16a^2x$

i) $-0,75xy^3 + xy^3$

j) $-20abc + 21abc$

34. Usando uma adição de monômios, determine a área da figura a seguir, em que a medida do lado de cada quadrado é expressa por x.

66

35. Expresse o perímetro do quadrilátero que tem dois lados de medida *n*, e os outros lados têm respectivamente o dobro e o triplo dessa medida.

36. Simplifique as expressões.

a) $x - (-2x + 5x) + (7x - 4x)$

b) $10xy - (-3xy + 9xy - 2xy - xy)$

c) $a^2 - (-2a^2 + 5a^2) + a^2 - (-3a^2 + 4a^2 + a^2)$

d) $-11mn - [-8mn - (7mn + mn - 2mn)]$

37. Efetue as multiplicações.

a) $(5x^2) \cdot (8x)$

b) $(-6a^2) \cdot (a^5)$

c) $(5a^2x) \cdot (10ax^4)$

d) $(-2a^2bc) \cdot (9ab^3c)$

e) $(-x^3y) \cdot (-xy^3)$

f) $\left(\frac{2}{5}x^6\right) \cdot \left(\frac{5}{7}x^2y^7\right)$

38. Represente, com um monômio, a área dos retângulos a seguir.

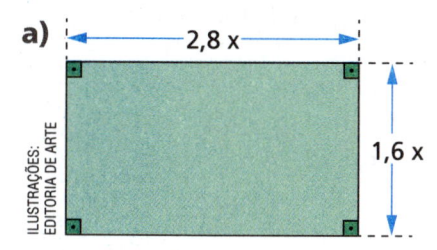

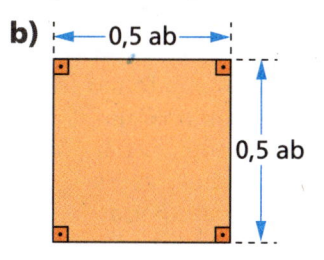

a) 2,8 x por 1,6 x

b) 0,5 ab por 0,5 ab

39. Determine o monômio que representa o volume do bloco retangular da figura.

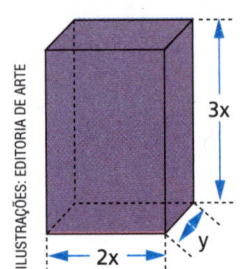

_____

40. Considere dois números reais, dos quais o maior é o triplo do menor. Sabendo que o menor número é expresso por 1,5x, o monômio que representa o produto desses dois números é:

a) $6x^2$　　　　b) $6,75x^2$　　　　c) $4,5x$　　　　d) $6,75x$

41. Analise a sequência:

$$a, a - 3n, a - 6n, ...$$

Escreva a expressão algébrica que representa:

a) o próximo termo dessa sequência. _____

b) o 7º termo dessa sequência. _____

42. Considere a sequência 2x, 4x, 8x, 16x, ...
Qual monômio representa:

a) o próximo termo dessa sequência? _____

b) o 10º termo da sequência? _____

43. Bia escreveu o seguinte fluxograma para representar a formação de uma sequência de figuras.

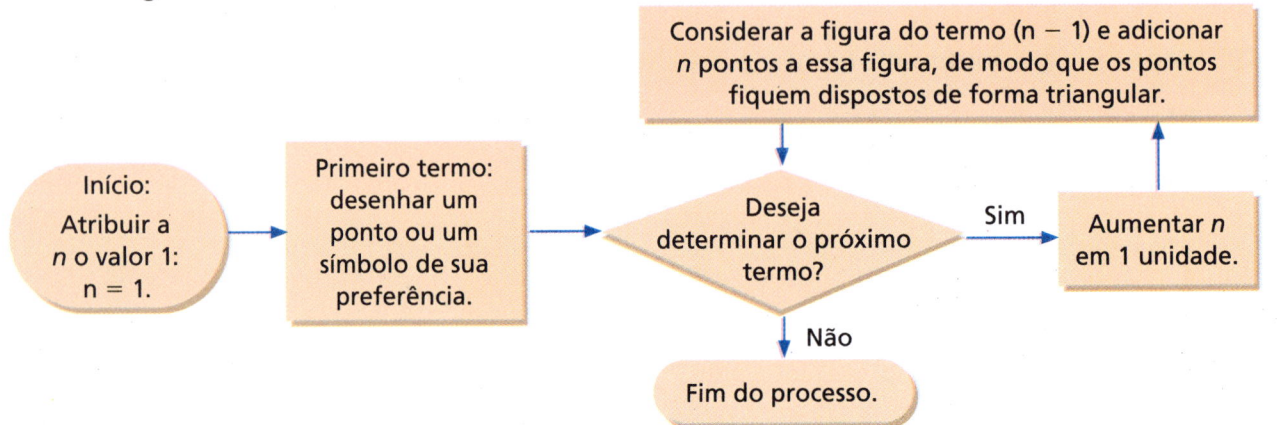

68

Depois, ela pediu para Luís determinar os termos da sequência. Analise como ele representou os três primeiros termos.

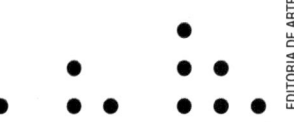

a) Copie o desenho de Luís e continue representando essa sequência até o 6º termo.

b) Luís poderia dispor os pontos de outra maneira? Desenhe um exemplo.

44. Efetue as divisões.

a) $(40a^6) : (8a^3)$

c) $(36a^7bc^4) : (-9a^2c^3)$

b) $(-8y^5) : (-4y^3)$

d) $(a^4xy^3) : (a^3xy)$

45. Usando a divisão, determine o monômio que multiplicado por:

a) $2a^2x^2$ resulta $-8a^4x^6$.

b) $0,25xy$ resulta $0,5x^2y^2$.

69

46. Sabendo que um retângulo tem a área dada por $18x^4y^3$ e cuja largura é dada por $3x^2y$, encontre o monômio que indica a medida do comprimento desse retângulo.

---

47. Efetue as operações a seguir.

a) $[(-8a^2b) \cdot (-5a^3b^2)] : (-10a^2b^2)$

b) $(-7x^2y + 15x^2y - 20x^2y) : (6xy)$

c) $[(32x^3y^3) : (8xy^2)] \cdot (-2xy)$

d) $(x^7 \cdot x + x^3 \cdot x^5 + x^6 \cdot x^2 + x^8) : (2x^5)$

48. Calcule as potências.

a) $(5x^3)^4$

b) $(-0{,}4y^5)^3$

c) $(-10a^4b^5)^4$

d) $(-x^5y^2)^2$

e) $\left(-\dfrac{1}{2}a^2b^2x\right)^5$

f) $\left(-\dfrac{9}{4}m^2x^3y\right)^2$

g) $(-0{,}8a^4b)^3$

h) $(-a^5b^2c^4)^4$

49. Calcule o quadrado da razão $\dfrac{2a^4b^2}{a^3b}$.

50. Efetue as operações.

a) $(-10x^5y^3 + 7x^5y^3 + 11x^5y^3) : (-xy)^2$

b) $(-3a^2b + 7a^2b - 10a^2b)^2$

c) $\left(-\dfrac{1}{2}xy\right)^3 \cdot \left(-\dfrac{1}{3}x^2y\right)^2$

d) $(10a^2b^3 + 2a^2b^3)^2 : (40a^4b^4 + 8a^4b^4)$

5. POLINÔMIOS

51. Qual polinômio representa o perímetro da figura?

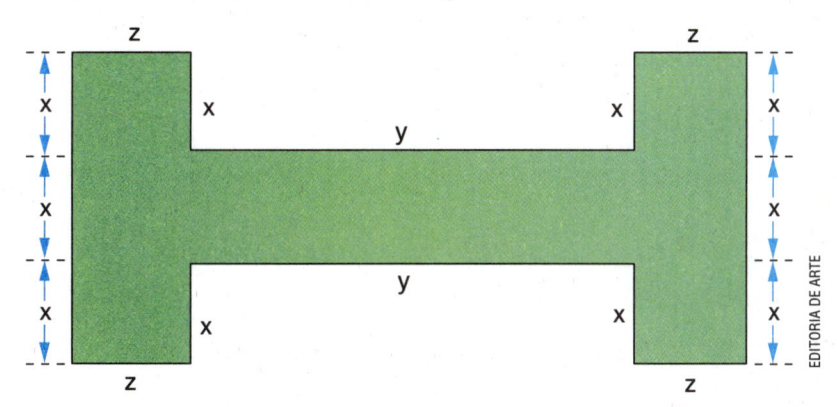

52. Escreva um polinômio que represente o perímetro de um triângulo isósceles cuja medida dos dois lados congruentes é *x*, e a medida do terceiro lado é *y*.

53. Alice foi ao mercado e comprou:
- 1 pacote de feijão por (x + 5) reais;
- 1 pacote de arroz por (y + 2) reais;
- 1 bandeja de carne por (2x + 3y) reais.

Sabendo que Alice pagou a compra com uma cédula de 100 reais e obteve troco, determine o polinômio que representa o valor que ela recebeu após o pagamento.

54. Escreva os polinômios na forma reduzida.

a) $7x^2 - 6x + 9 + 2x - 5x^2 - 8$

b) $3a + 8ab + 5b - 2ab - 7a + b - ab$

c) $0{,}9xy + 0{,}5xy^2 - 0{,}6x^2y - x^2y + 0{,}25xy + 0{,}8x^2y$

d) $8x^3 - (x^2 + 7x - 5) + (-2x^3 + 6x^2 - x) - (-1 + 3x^2)$

e) $ab - (-2a + b) - (c + 3a - ab) + (4a - c)$

f) x − (−5y + 3x) + (xy − x − y) − (7y + 2xy)

g) ax − [−2bx − (ab + ax − bx) + 2ab] − (2ax − ab)

55. Analise a figura e faça o que se pede.

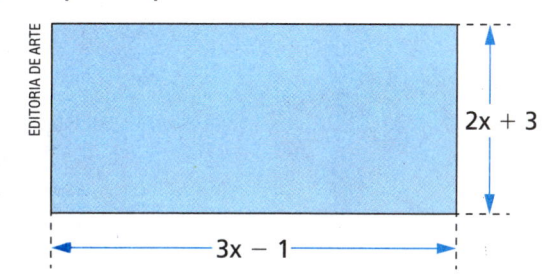

[Retângulo com dimensões: 3x − 1 (base) e 2x + 3 (altura)]

a) Represente o perímetro do retângulo com um polinômio reduzido.

b) Calcule o perímetro desse retângulo para x = 6,5 cm.

56. Determine o valor numérico do polinômio:

a) $4x^2 - 3x + 8$, para x = 7.

b) $3x^2 - 2xy + 4x - y + 5y^2$, para x = −2 e y = 3.

57. Reduza os polinômios.

a) $(-3x + 9y) + (5x - 6y)$

b) $(10x^2 - 7x) - (-3x^2 - 5x)$

c) $\left(\dfrac{1}{2}a + \dfrac{2}{3}b\right) + \left(-\dfrac{1}{3}a + \dfrac{1}{9}b\right)$

d) $(2ab - 5a - b) - (-3ab + 6a - b)$

58. Analise os preços de algumas frutas em certo mercado.

MAMÃO
R$ 6,50/unidade

MAÇÃ
R$ 12,00/kg

Sabendo que João comprou x quilogramas de maçãs e y mamões, e que Carol comprou 0,5 kg de maçã e 2 unidades de mamão a mais do que João, determine um polinômio que representa a quantia, em reais, que:

a) João deve pagar.

b) Carol deve pagar.

c) os dois juntos devem pagar. Escreva o polinômio na forma reduzida.

59. Calcule a soma das áreas de um quadrado de lado x e de um retângulo de dimensões x e $3x$.

60. Dados os polinômios A: $x^2 + 3x + 2$, B: $2x^2 - 5$ e C: $x - 4$, calcule:

   a) $A + B$

   b) $B - C$

   c) $A - B + C$

61. Assinale a alternativa em que o resultado das operações é o polinômio $3x^2 + 5xy + 12x^2y - 4xy^2 + 2y^2 - 5$.

   a) $(3x^2 + 2xy - 2x^2y) + (3x^2 + 5xy + 12x^2y) - 4xy^2 + 2y^2 - 5$

   b) $3x^2 + 5xy + 12x^2y - (4xy^2 + 2y^2 - 5)$

   c) $3x^2 + 5xy + 12x^2y - (4xy^2 - 2y^2 + 5)$

   d) $3x^2 + 5xy + 12x^2y - (4xy^2 - 2y^2 - 5)$

62. Analise o retângulo ao lado e escreva:

    a) o polinômio que representa o perímetro desse retângulo.

    (4x + y) — lado superior; (3x − 2y) — lado direito

_____

    b) o valor numérico do polinômio reduzido obtido, para $x = 8$ e $y = 5$.

_____

    c) o valor do polinômio obtido, para $x = y = 0{,}5$.

_____

63. Escreva o valor numérico do polinômio que é a soma dos polinômios *A* e *B* indicados a seguir, para $x = -2$.

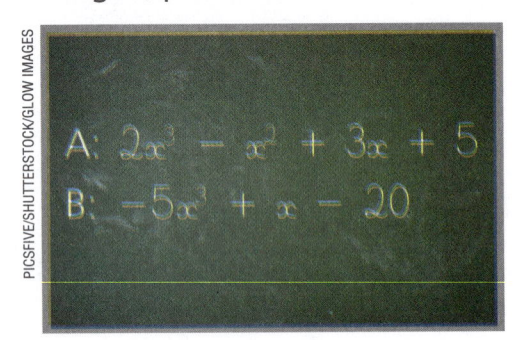

A: $2x^3 - x^2 + 3x + 5$

B: $-5x^3 + x - 20$

_____

64. Antônio nasceu há *x* anos e Felipe, há *y* anos. Daqui a 3 anos, a soma das idades dos dois será igual à idade que Pedro tem hoje. Represente por meio de um polinômio reduzido a idade de Pedro daqui a 3 anos.

76

65. Efetue as multiplicações.

a) $5x \cdot (7x - 4y)$

b) $7xy \cdot (-2x + 3y)$

c) $-10ab^2 \cdot (-2a^2b + 5b^3)$

d) $2,5ax^2 \cdot (3a^2 - 1,2ax)$

e) $\frac{1}{6}m^2n \cdot \left(2m^2 - \frac{3}{2}n^3\right)$

f) $0,6xy \cdot (-1,4x^2y + 0,8xy^2)$

66. Um fazendeiro possui um terreno com formato que lembra um quadrado, conforme a ilustração. Ele deseja destinar uma parte desse terreno, também com formato que lembra um quadrado, para o plantio de frutas.

Represente por meio de um polinômio reduzido a área do terreno original que não será destinada ao plantio de frutas.

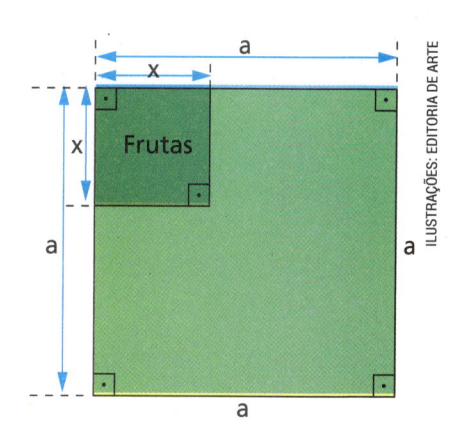

67. Dados os polinômios P: $2x^3 + 3x$, Q: $x^3 - 3x$ e R: $-5x^2 + 8$, calcule $(P + Q) \cdot R$.

68. Determine o polinômio P na forma reduzida, sabendo que:
$P + x^3 - 5x^2 + 3x = (x^3 - 5x^2) \cdot (x^2 + 3x - 8)$

69. Qual polinômio representa a área da região laranja da figura?

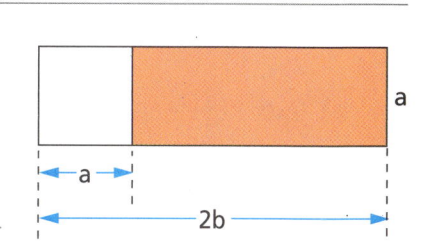

77

70. Uma metalúrgica produz uma chapa de alumínio formada por uma parte retangular e uma parte quadrada, conforme apresentado na figura.

Assinale o monômio que representa a área da superfície dessa chapa.

a) $2a^2$ b) $4a^2$ c) b d) b^2

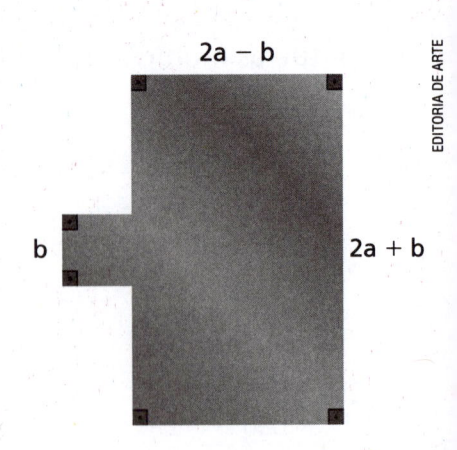

Dimensões da figura: $2a - b$, b, $2a + b$

71. Faça o que se pede.

a) Determine o volume de um bloco retangular cujas dimensões são expressas por x^2, $3x$ e $(2x + 5)$.

b) Calcule o valor numérico da expressão obtida no item **a** para $x = 2$.

72. Escreva cada expressão na sua forma simplificada.

a) $a(a^2 - 1) - a(a + 7) + a(a^2 - 4a + 3)$

b) $7(x^2 - xy + y^2) - 3(xy + x^2 - y^2) + 6(-y^2 + xy + 2x^2)$

c) $a(a - b) - b(b + a - 2) + ab(1 - a + b) + b^2$

d) $y(y^2 - y - 1) + y^2(1 - y) - y$

e) $2x(x - y) - [x(x + y - 2) - y(x - 2)] - 2x$

73. Escreva o polinômio $(x^3 - 5x^2) \cdot (-2x^2 + 3x)$ na forma reduzida e determine o valor numérico desse polinômio para $x = -3$.

74. Escreva na forma de multiplicação de polinômios e determine cada produto.

  a) $(7x - 3)^2$

  b) $(2ab + 3c)^2$

75. Efetue a multiplicação dos polinômios $(2y + x)$ e $(2y - x)$ e depois compare o polinômio resultante com o polinômio $(2y)^2 - x^2$.

76. Efetue as multiplicações.

  a) $x \cdot (x - 5) \cdot (x + 3)$

  b) $(x + 6) \cdot (x - 4) \cdot (x + 1)$

77. Dados os polinômios A: $2x$, B: $-x^2 + 3x$ e C: $x - 4$, calcule:

  a) $2A \cdot B$

  b) $A \cdot B \cdot C$

78. Dados os polinômios P: 2a · (a + 3) e Q: (3a − 4) · (a + 5), obtenha P − Q.

79. Determine, na forma reduzida, o polinômio que representa a área da região colorida de azul da figura.

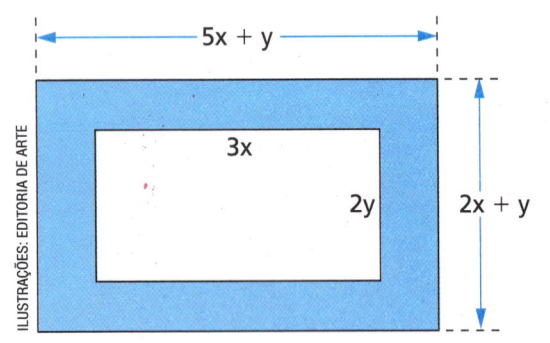

- Retângulo externo: $5x + y$ por $2x + y$
- Retângulo interno (branco): $3x$ por $2y$

80. Dados os polinômios M: $x - 2$, N: $x^2 + x$ e P: $x^2 - 8$, calcule:

a) M − N

b) P · (M − N) · x

81. Escreva o polinômio que representa o volume de cada um dos blocos retangulares.

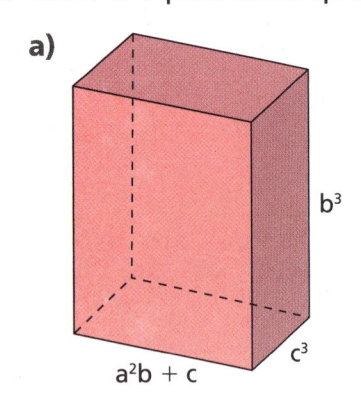

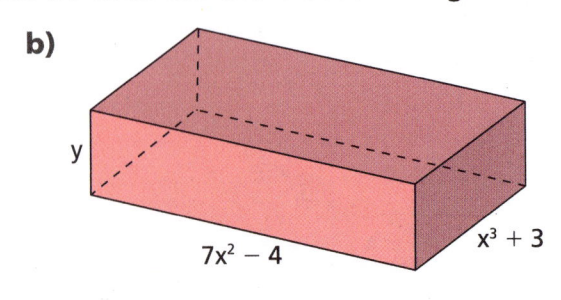

a) Bloco com dimensões: $a^2b + c$, c^3, b^3

b) Bloco com dimensões: $7x^2 - 4$, $x^3 + 3$, y

82. Obtenha o quociente da divisão do polinômio $4x^4 - 8x^3 + 6x^2$ por:

a) 2

b) x^2

83. Efetue as divisões.

a) $(20x^7 - 35x^4) : (5x^3)$

b) $(9x^2y + 81x^2y^2 - 45xy^2) : (-9xy)$

84. Assinale a divisão de polinômios que tem como resultado o polinômio $-4x^2y + y^2x$.

a) $-4x^3y^2 + y^3x^2 : (xy)$

b) $-4x^3y^2 + y^3x^2 : (xy^2)$

c) $-4x^3y^2 + y^3x^2 : (x^2y)$

d) $-4x^2y + y^2x : (xy)$

85. Assinale o número natural que representa o grau do polinômio obtido como resultado da divisão $\left(x^3 + \dfrac{x^2}{16} - 35x\right) : (200x)$.

a) 1

b) 2

c) 3

d) 0

86. Durante a realização de uma tarefa, Noah se deparou com a seguinte atividade: "Um polinômio dividido por a^3b^2c, considerando a, b e c diferentes de zero, tem como resultado o polinômio x^3y^2z. Qual é esse polinômio?".

a) Que operação Noah deve utilizar para obter a resposta correta?

b) Qual é a resposta da atividade da tarefa de Noah?

EQUAÇÕES

1. EQUAÇÃO DO 1º GRAU COM UMA INCÓGNITA

1. Determine a solução das equações do 1º grau com uma incógnita, no conjunto dos números reais.

a) $25x - 17 = 10x + 28$

b) $7x + 40 = 11x + 60 - 2x$

c) $5(x - 2) - 7(x + 1) = 9 \cdot (3 - 2x)$

d) $6(x - 3) - 4(x + 2) = 9x - (5x + 3)$

e) $x - \dfrac{x}{6} = \dfrac{x}{3} + \dfrac{7}{2}$

f) $3x - \dfrac{5 - 3x}{2} = 2(x - 5)$

2. Calcule o valor de x na equação $\dfrac{4x}{6} - \dfrac{2x+3}{3} = 11 - 4x$, no conjunto dos números reais.

3. A professora de Matemática de uma escola de reforço realizou uma pesquisa para acompanhar o rendimento anual de cada estudante. No fim de determinado ano, ao recolher todos os dados, ela observou que $\dfrac{1}{20}$ dos estudantes obtiveram média inferior a 50 pontos e 95 estudantes obtiveram média igual ou superior a 50 pontos. Quantos estudantes dessa escola cursaram Matemática nesse ano?

4. Toda a produção mensal de uma fábrica foi vendida a três lojas. Para a loja A, foi vendida a metade da produção; para a loja B, $\dfrac{2}{5}$ da produção; e para a loja C, 2 500 unidades. Qual foi a produção mensal dessa fábrica?

5. O *buffet A* cobra, pelo bolo, R$ 2,00 por pessoa convidada. Pelos salgados é cobrado R$ 1,00 por convidado e pelas bebidas, R$ 1,50 por convidado. Além disso, há uma taxa fixa de R$ 150,00. Nélson contratou o *buffet B* e pagou R$ 735,00, que correspondem a 45 reais a menos do que a mesma quantidade de cada item cobrado pelo *buffet A*. Quantas pessoas Nélson convidou?

6. Em busca de aulas particulares de violão, Janaína encontrou dois professores disponíveis para realizarem as aulas, Guilherme e Pablo. As condições de pagamento são as seguintes:
- O professor Guilherme cobra R$ 5,00 fixos pelo deslocamento até a casa do estudante e mais R$ 40,00 a hora-aula.
- O professor Pablo cobra R$ 7,00 fixos pelo deslocamento até a casa do estudante e mais R$ 39,00 a hora-aula.

Janaína gostaria de fazer aulas experimentais com os dois professores e gastar a mesma quantia. Quantas horas de aula ela deve fazer para que o valor pago aos dois professores seja o mesmo?

7. Na sala de jogos do prédio de Marília, há um jogo de dardos. Nele, cada dardo acertado na região *B* vale a metade da quantidade de pontos de um dardo acertado na região *A*.
Marília jogou e acertou 5 dardos na região *A* e 4 na região *B*, fazendo um total de 140 pontos. Quantos pontos vale cada dardo acertado na região *A*?

8. No início do ano, em um município, a quantidade de mulheres era o triplo da quantidade de homens (incluindo as crianças). Durante esse ano, quatro novas indústrias se instalaram no município atraindo novos moradores. Até o final do mesmo ano, a quantidade de habitantes no município aumentou em 500 homens e 100 mulheres.

Desse modo, a quantidade de homens passou a ser a metade da quantidade de mulheres. Com quantos habitantes esse município ficou ao final desse ano?

9. Em uma loja, um celular está sendo vendido em 5 parcelas iguais de x reais mais uma entrada de R$ 300,00. Fernando conseguiu com o gerente da loja o mesmo celular em 10 parcelas iguais de x reais sem entrada. Com isso, ele pagou R$ 20,00 a mais do que na forma de pagamento anterior.

a) Qual é o valor de cada parcela?

b) Qual era o preço do celular nas condições iniciais da loja?

10. Em uma fazenda, a quantidade de galinhas é o dobro da quantidade de cavalos, e a quantidade de bois é o triplo do total de galinhas. Há também 8 porcos, 4 vacas leiteiras e os 4 cachorros do fazendeiro. Considerando que todos os animais dessa fazenda totalizam 96 pares de pernas, quantos são os animais dessa fazenda?

11. Um balde vazio tem massa de 140 g. O mesmo balde cheio de areia tem massa de 320 g. Elabore uma atividade com essas informações e, na sequência, resolva-a.

2. EQUAÇÃO FRACIONÁRIA COM UMA INCÓGNITA

12. Encontre o valor de x para que $\dfrac{2}{2x+4} - \dfrac{3x}{(2x+4)^2} = 0$, com $x \neq -2$.

13. Resolva as equações fracionárias.

a) $\dfrac{3}{x} + 2 = 7 \ (x \neq 0)$

c) $\dfrac{3x}{x-4} = 3 + \dfrac{2}{x} \ (x \neq 0, x \neq 4)$

b) $\dfrac{5}{x} - 2 = \dfrac{1}{4} \ (x \neq 0)$

d) $\dfrac{3}{2x} - \dfrac{1}{6} = \dfrac{2}{3x} - \dfrac{1}{2} \ (x \neq 0)$

14. Sabendo que $x \neq 1$ e $x \neq -1$, determine o número real x para que as expressões $\dfrac{2x}{x+1} + \dfrac{x}{x-1}$ e $\dfrac{3x^2 - 4}{(x+1)(x-1)}$ sejam iguais.

15. Encontre os valores de x, sendo $x \neq \dfrac{2}{3}$, que satisfaçam a equação $\dfrac{6x-4}{4-6x} - \dfrac{3x}{2-3x} = 1$.

87

16. Para fazer uma certa quantidade de pães, um padeiro usa 180 g de fermento e para fazer duas unidades a mais do que essa quantidade, ele usa 198 g de fermento. Considerando que todos os pães recebem a mesma quantidade de fermento, quantos gramas de fermento são utilizados para fazer um único pão?

17. Em um evento beneficente, foram distribuídos copos com suco para os convidados. O evento foi realizado em dois dias e houve um consumo de 120 L e 150 L de suco no primeiro e no segundo dia de evento, respectivamente. Sabe-se que:
- todos os copos de suco têm a mesma capacidade;
- todos os copos foram servidos cheios nos dois dias de evento;
- cada copo foi utilizado apenas uma vez;
- no segundo dia, foram utilizados 150 copos a mais do que no primeiro dia.

Quantos litros de suco cabiam em cada copo?

3. EQUAÇÕES LITERAIS DO 1º GRAU NA INCÓGNITA X

18. Sabendo que as expressões $\dfrac{1 + ax}{1 - ax}$ e $\dfrac{5 + a^2x^2}{(1 + ax)(1 - ax)}$ são iguais, qual é o valor do número real *x*?

19. Resolva as equações na incógnita *x*, considerando *a*, *b* e *c* diferentes de zero:

a) $2x + 3y - 3z = 4x - 7y - 3z$

b) $3bx + 6bc = 7bx + 3bc$

c) $7(a + x) = 5a - 2(2a + x)$

d) $2a(x + c) - 3ax = 3a(x - 2c)$

20. Determine o conjunto solução da equação $x + \dfrac{9}{a} = \dfrac{3x}{a} + a$, sendo $a \neq 0$ e x a incógnita.

21. Determine o valor de x para $\dfrac{2x - 6b}{6a} + \dfrac{3x - 9a}{9b} = 2$, com $a \neq 0$, $b \neq 0$ e $b \neq -a$.

4. EQUAÇÃO DO 1º GRAU COM DUAS INCÓGNITAS

22. Considerando a equação $3x + 2y = 50$, responda.

    a) Quais dos pares ordenados (x, y) a seguir representam uma solução para essa equação?

        (7, 12)   (7, 7)   (12, 7)   (12, 12)   (−15; 47,5)

    b) Quanto vale $1{,}5x + y$?

90

23. Amanda foi ao supermercado e comprou 6 litros de leite e 7 latas de milho verde. Ela gastou R$ 57,40.

   a) Represente essa situação por meio de uma equação.

   b) Se cada lata de milho verde custou R$ 4,00, quanto custou cada litro de leite?

24. Sabendo que y = 3x + 7, calcule o valor de x na equação 2x − 3y = 23.

25. Considere as equações:
   - 2x + y = 2
   - 4x − y = 16

   Qual é o par ordenado que representa a solução dessas equações?

   a) (3, 4)
   b) (−3, −4)
   c) (1, 0)
   d) (3, −4)

26. Dada a equação 6x − 7y = 14, apresente uma solução para:

a) x = 0

b) y = 4

27. Represente geometricamente a equação $\frac{x}{2} + y = 4$ no plano cartesiano.

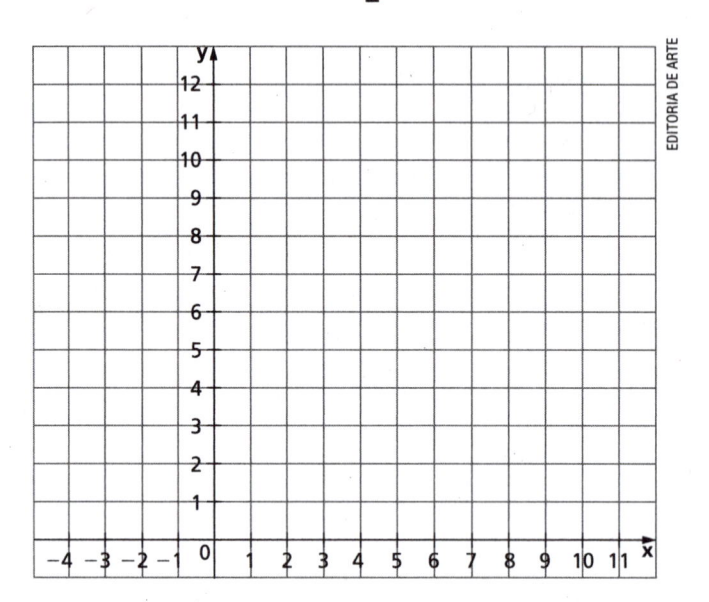

5. SISTEMAS DE DUAS EQUAÇÕES DO 1º GRAU COM DUAS INCÓGNITAS

28. Cibele foi a uma papelaria e comprou 20 itens, sendo eles apenas canetas e lápis. O valor de cada caneta é R$ 1,50, o valor de cada lápis é R$ 1,00, e o valor total da compra foi de R$ 22,00.

Assinale a alternativa que apresenta o sistema de equações do primeiro grau que representa a situação acima:

a) $\begin{cases} 1,5x + y = 20 \\ x + y = 22 \end{cases}$

b) $\begin{cases} x + y = 20 \\ 1,5x + y = 22 \end{cases}$

c) $\begin{cases} 1,5x - y = 20 \\ x - y = 22 \end{cases}$

d) $\begin{cases} x + 1,5y = 22 \\ x - y = 20 \end{cases}$

29. Verifique se o par ordenado:

a) $(5, -5)$ é a solução de $\begin{cases} x = -y \\ 3x - 2y = 5 \end{cases}$.

b) $(-2, 7)$ é a solução de $\begin{cases} 4x + y = -1 \\ 5x - 2y = -24 \end{cases}$.

30. Determine um sistema de duas equações que esteja associado a cada situação a seguir, usando as incógnitas x e y.

a) A soma de dois números reais é 1 620 e a diferença entre eles é 740.

b) Um caderno custa o triplo de uma lapiseira, e os dois juntos custam 56 reais.

c) Em uma região retangular, a medida do maior lado representa $\frac{7}{4}$ da medida do menor lado, e o perímetro é 88 cm.

d) Um fio com 7,5 metros de comprimento foi cortado em dois pedaços, de modo que a medida do comprimento do maior corresponde a $\frac{5}{3}$ da medida do comprimento do menor.

e) A soma da área de dois terrenos é 1 500 m². A área do terreno maior tem 120,50 m² a mais do que o outro.

f) A diferença entre as idades das irmãs Ana e Carmela é 15 anos. Se dividirmos a idade de Ana por 9 e a idade de Carmela por 6, os quocientes serão iguais.

6. RESOLUÇÃO DE SISTEMA DE DUAS EQUAÇÕES DO 1º GRAU COM DUAS INCÓGNITAS

31. Represente graficamente os sistemas a seguir e determine a solução de cada sistema linear.

a) $\begin{cases} x + 2y = 9 \\ 3x + y = 12 \end{cases}$

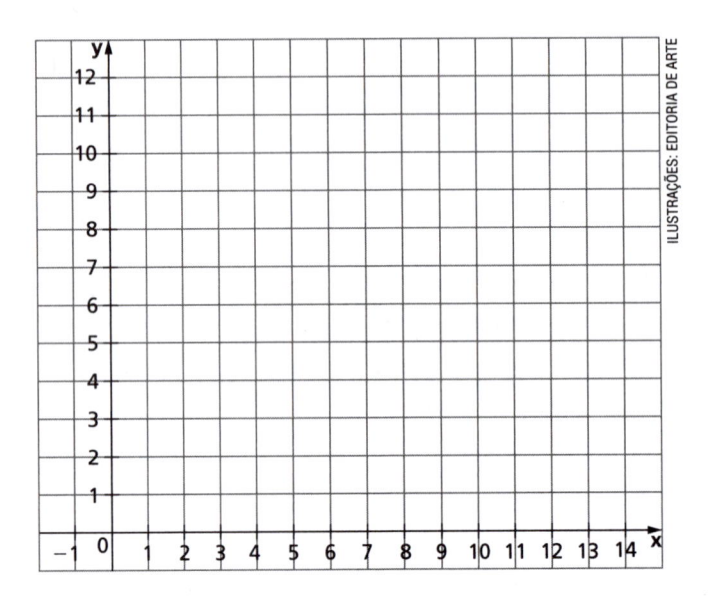

b) $\begin{cases} 2x + 3y = 22 \\ x - y = 1 \end{cases}$

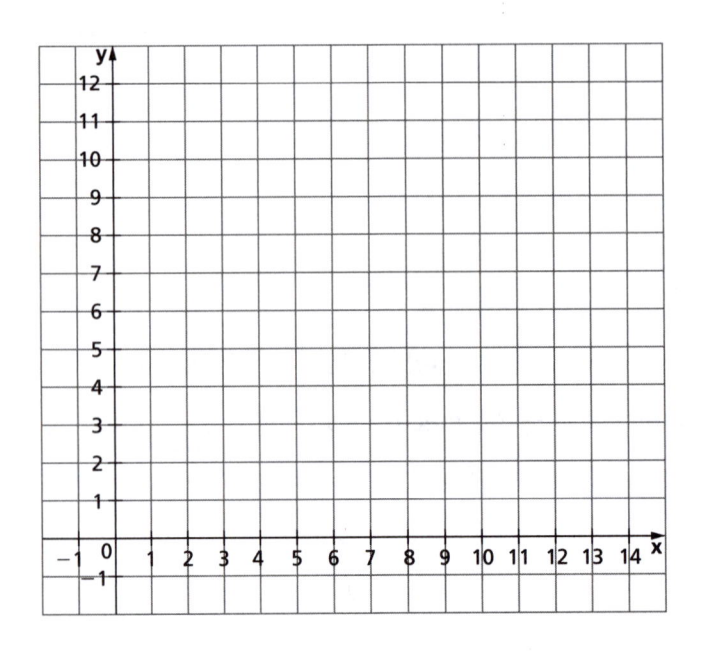

c) $\begin{cases} 10x + y = 12 \\ -x - y = -3 \end{cases}$

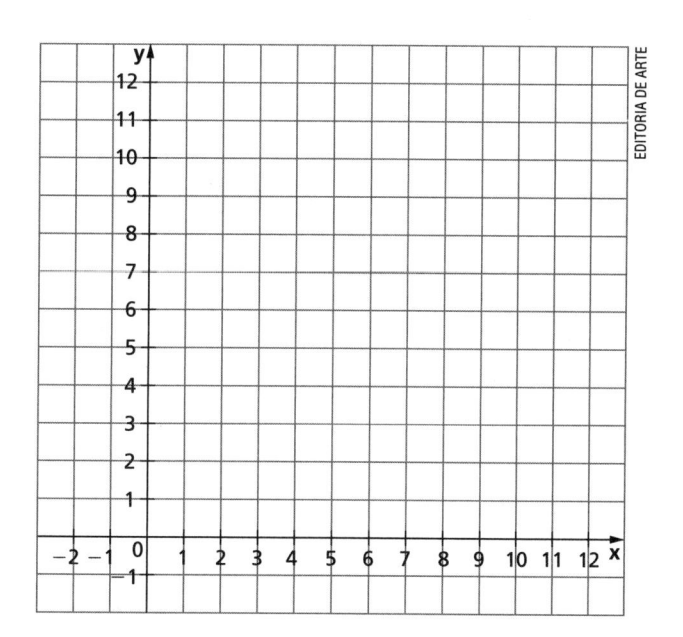

___

32. Fazendo tentativas, encontre a solução de cada sistema de equações.

a) $\begin{cases} x = y \\ x + y = 4 \end{cases}$ _____

b) $\begin{cases} x + y = 4 \\ x - y = 2 \end{cases}$ _____

c) $\begin{cases} x = 2y \\ x + y = 9 \end{cases}$ _____

d) $\begin{cases} x = -y \\ 2x - 2y = 4 \end{cases}$ _____

33. Resolva os sistemas de equações usando o método da substituição.

a) $\begin{cases} x + y = 360 \\ x - y = 140 \end{cases}$

95

b) $\begin{cases} x = 5y \\ 7x - 20y = 45 \end{cases}$

c) $\begin{cases} 2x + y = 8 \\ 6x + 4y = 2 \end{cases}$

d) $\begin{cases} 3x - y = 4 \\ x - y = 8 \end{cases}$

34. Usando o método da adição, resolva os sistemas de equações do 1º grau.

a) $\begin{cases} x + y = 43 \\ x - y = 29 \end{cases}$

b) $\begin{cases} x + y = 3,8 \\ x - y = 1,4 \end{cases}$

c) $\begin{cases} 4x + y = 33 \\ -4x + 5y = -51 \end{cases}$

d) $\begin{cases} 7x + 2y = -31 \\ 10x + 2y = -46 \end{cases}$

35. Sabendo que $\begin{cases} 3x + y = 31 \\ -x - 4y = 8 \end{cases}$, determine $-xy$.

36. A soma de dois números inteiros é 200, e a diferença entre o maior e o menor é 64. Quais são esses números?

37. Cláudia trabalha na área de informática; ela ganha 40 reais por hora quando trabalha com programação e 20 reais por hora quando faz manutenção de computadores.

No mês passado, ela trabalhou 160 horas e ganhou R$ 5.000,00; foram *x* horas com programação e *y* horas com manutenção de computadores. Quantas horas ela trabalhou em cada função?

38. O professor João desafiou os estudantes a descobrir as idades dos dois filhos dele, dando somente duas informações:

- a diferença entre as idades é 6 anos;
- a soma das idades é 24 anos.

Qual é a idade de cada filho do professor?

39. Laura tem uma loja e, ao separar os produtos da nova coleção, ela contabilizou 40 bolsas, algumas com 2 *bottons* e outras com 4. Sabendo que no total há 110 *bottons*, quantas bolsas têm 2 *bottons* e quantas têm 4 *bottons* nessa coleção?

40. Clara comprou uma impressora com desconto de 25% sobre o preço do produto. Sabendo que Clara pagou R$ 299,25, qual era o preço da impressora antes do desconto?

41. Uma exposição automobilística apresenta carros e motos antigos. Durante a exposição serão exibidos 50 veículos, totalizando 150 rodas. Quantos carros e quantas motos foram exibidos nessa exposição?

42. Para comemorar sua promoção na empresa, Carlos levou a esposa para jantar em um restaurante. O total gasto no jantar foi de R$ 290,00, e Carlos deseja pagar esse valor usando cédulas de R$ 20,00 e R$ 50,00.

Assinale a alternativa que apresenta a quantidade de cédulas de R$ 20,00 que ele usou, sabendo que no total foram utilizadas 7 cédulas.

a) 0　　　　　　b) 1　　　　　　c) 2　　　　　　d) 4

43. A terça parte da soma de dois números é igual a 35. Sabendo que a diferença entre esses dois números é igual a 3, determine esses números.

7. EQUAÇÃO DO 2º GRAU

44. Determine o conjunto solução de cada uma das equações de 2º grau em $\mathbb{R}$:

a) $3x^2 - 9 = 0$

b) $x^2 + 1 = 0$

100

45. Determine o conjunto solução de cada equação de 2º grau quando U = ℝ.

a) $(x - 1)(x + 4) + 3 = 3x$

b) $3(2x - 1)(x + 2) = -12 + 9x$

46. Rita desenhou um quadrado cuja medida de cada lado é *x* cm. Agora, ela quer desenhar um retângulo de mesma área, de tal maneira que as medidas do comprimento e da largura sejam (2x + 3) cm e (2x − 3) cm. Com base nisso, faça o que se pede.

a) Qual deve ser a área desse quadrado?

b) Quais são as medidas dos lados desse retângulo?

UNIDADE 6 — POLÍGONOS E TRANSFORMAÇÕES NO PLANO

1. POLÍGONOS E SEUS ELEMENTOS

1. Nomeie os polígonos de acordo com as informações.

a) Tem oito lados. _____

b) Tem cinco ângulos internos. _____

c) Tem 20 lados. _____

2. Responda às seguintes questões.

a) A figura ao lado é um prisma cujas bases são um polígono. Como se chama esse polígono? Quantas faces laterais ele tem?

_____
_____

b) No interior do círculo ao lado temos um polígono. Como se chama esse polígono? Quantos lados ele tem?

_____
_____

c) Como se chama o polígono da base da pirâmide ao lado? Quantos lados tem o polígono que forma cada face lateral dessa pirâmide?

_____
_____

d) Qual é o nome do polígono representado ao lado? Quantos ângulos internos ele tem?

_____
_____

3. Calcule o perímetro de cada polígono a seguir.

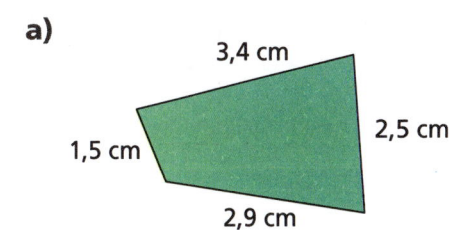

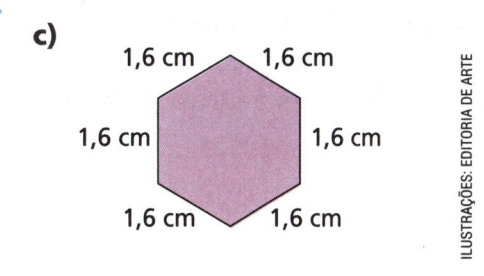

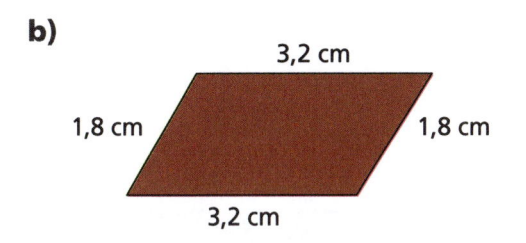

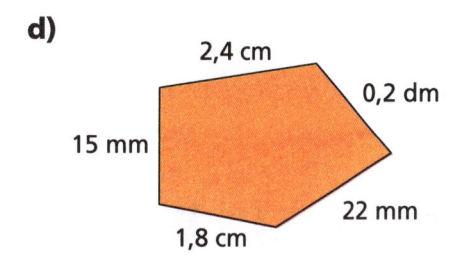

a)
3,4 cm
1,5 cm
2,5 cm
2,9 cm

_____

b)
3,2 cm
1,8 cm
1,8 cm
3,2 cm

_____

c)
1,6 cm 1,6 cm
1,6 cm 1,6 cm
1,6 cm 1,6 cm

_____

d)
2,4 cm
0,2 dm
15 mm
22 mm
1,8 cm

_____

4. Luís comprou um terreno retangular. Sabendo que a medida da frente do terreno é a metade da medida das laterais e que o perímetro é 60 m, qual é a medida da frente desse terreno?

5. A figura a seguir representa as dimensões de uma sala retangular. Quantos metros de rodapé serão necessários para fazer todo o contorno dessa sala, descontando-se 90 cm referentes à largura da porta?

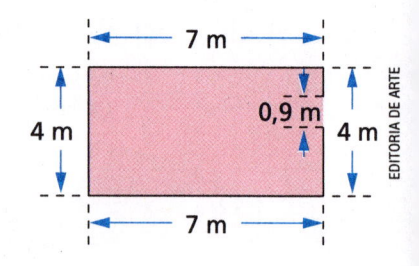

6. Simone desmanchou uma estrutura de arame que lembra o contorno de um quadrado com 12 cm de lado e, utilizando todo esse arame, construiu uma estrutura que lembra o contorno de um hexágono regular. Qual é a medida dos lados do hexágono cujo contorno Simone representou?

2. DIAGONAIS DE UM POLÍGONO CONVEXO

7. Quantos lados tem um polígono em que partem 12 diagonais de um mesmo vértice?

8. Quantas diagonais tem um polígono de 11 lados?

9. Qual é a quantidade de diagonais de um:

a) eneágono?

b) polígono de 16 lados?

104

10. Um polígono regular tem perímetro igual a 60 cm. Quantas diagonais tem esse polígono se cada um dos lados mede 3 cm?

11. Determine a quantidade de diagonais e o perímetro do polígono regular ao lado, se cada um dos lados mede 2 cm.

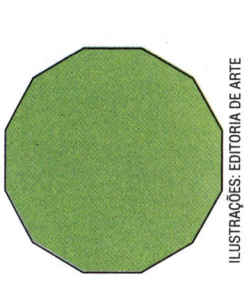

3. ÂNGULOS DE UM POLÍGONO CONVEXO

12. Calcule o valor de x em cada caso a seguir.

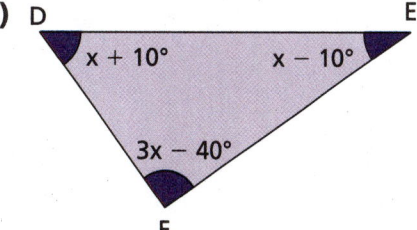

a)
A, 55° 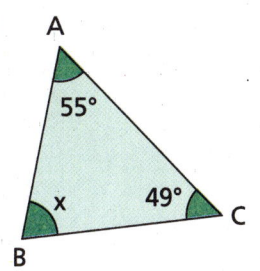
B, x
C, 49°

b)
P, 32° 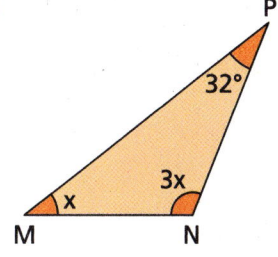
M, x
N, 3x

c)
D, x + 10°
E, x − 10°
F, 3x − 40°

d)
A, x − 30°
B, x
C, x

105

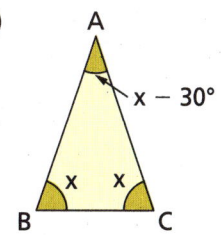

13. Trace todas as diagonais que partem de um mesmo vértice do polígono dado e responda às questões.

a) Em quantos triângulos você decompôs o polígono?

b) Qual é a soma das medidas dos ângulos internos de cada triângulo?

c) Qual é a soma das medidas dos ângulos internos do polígono azul?

14. Observe o pentágono a seguir e responda às questões.

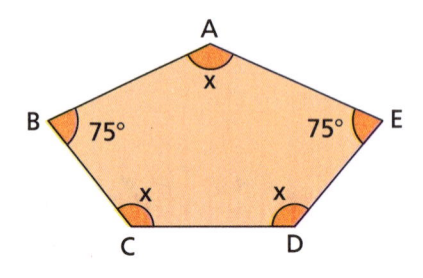

a) Quanto vale a soma das medidas dos ângulos internos da figura?

b) Qual é o valor de x?

15. Qual é a soma das medidas dos ângulos internos de um:

a) decágono?

b) icoságono?

16. A soma das medidas dos ângulos internos de um polígono é igual a 720°.

   a) Qual é esse polígono?

   _____

   b) Quantas diagonais tem esse polígono?

   _____

17. Em um triângulo, a medida de um dos ângulos internos é igual a um terço da medida de outro ângulo interno. Qual é a medida de cada ângulo interno desse triângulo, se o terceiro ângulo mede 30°?

   _____

18. Para um quadrilátero cujas medidas dos ângulos internos são 2x, 60°, 3x e 100°, qual é a medida do menor ângulo interno?

   _____

107

19. Em cada caso a seguir, determine os valores que se pedem.

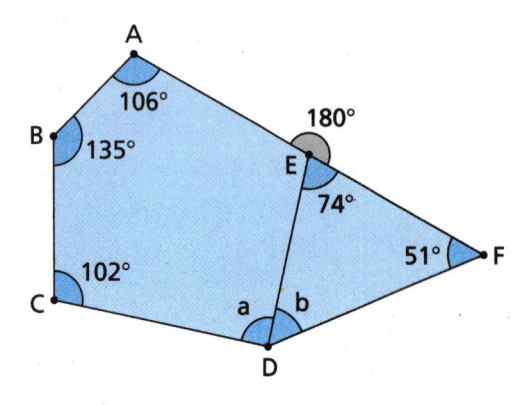

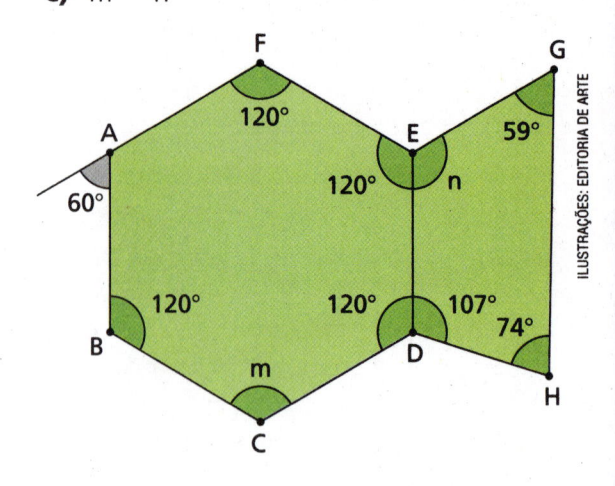

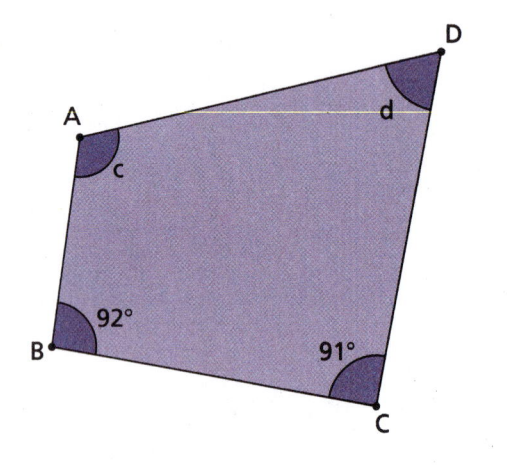

a) a + b

b) c + d

c) m − n

d) t + r − s

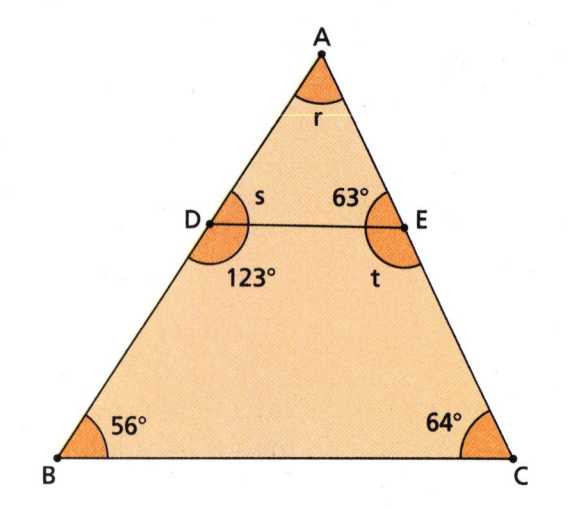

20. Os cinco primeiros termos da sequência abaixo indicam as medidas, em grau, dos ângulos internos de um pentágono. Encontre a medida do maior e do menor ângulo interno desse polígono.

$$x - 3°, x, x + 3°, ...$$

---

21. Em relação ao triângulo a seguir, mostre que x = y.

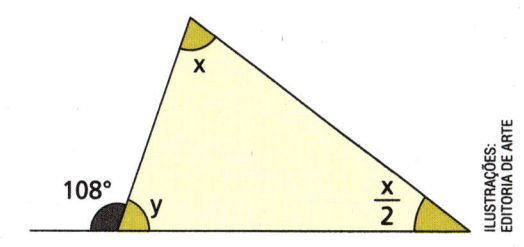

22. Em relação ao quadrilátero ABCD, determine:

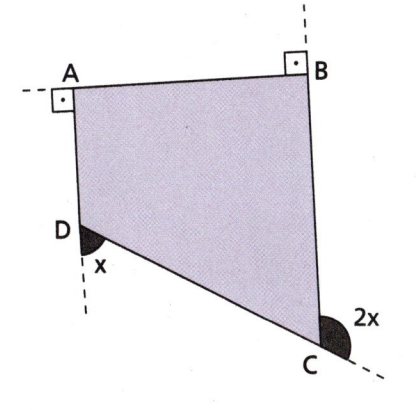

a) a soma das medidas dos ângulos externos do polígono.

b) o valor de x.

109

23. Em um polígono de *n* lados, a soma das medidas dos ângulos internos com os ângulos externos é 1260°. Calcule *n*.

4. ÂNGULOS DE UM POLÍGONO REGULAR

24. Em relação a um decágono regular, calcule:

a) a soma das medidas dos ângulos internos.

b) a medida de cada ângulo interno.

c) a soma das medidas dos ângulos externos.

d) a medida de cada ângulo externo.

25. Quantas diagonais tem um polígono regular cuja medida de um dos ângulos internos é 144°?

26. Na imagem abaixo, o octógono é regular.

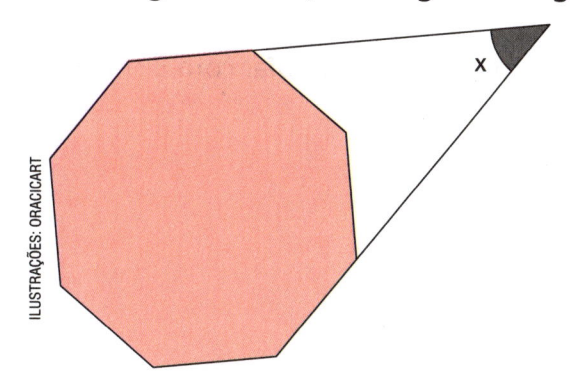

Qual é a medida de x?

___

27. Para pegar comida, uma formiga sai do ponto de partida e caminha de acordo com a trajetória, vista de cima, representada ao lado.

Após pegar a comida, a formiga fará um procedimento semelhante, sempre percorrendo 4 cm e fazendo um giro de 120° no sentido anti-horário, até retornar ao ponto de partida. Sobre isso, responda.

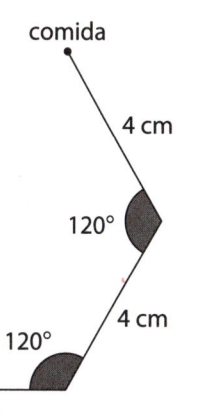

a) Qual é o polígono cujo contorno se assemelha ao caminho percorrido pela formiga se este fosse uma linha poligonal fechada simples?

___

b) Quanto a formiga caminhou, em centímetro, para pegar comida? E ao percorrer a trajetória completa?

___

28. Um arquiteto projetou um mosaico feito com peças iguais e todas com formato de polígonos regulares. Observe uma parte do mosaico.

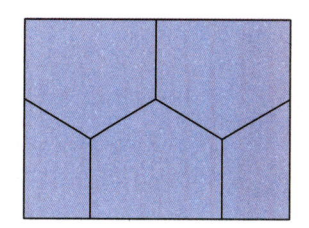

Desse modo, podemos afirmar que o mosaico é composto de:

a) hexágonos regulares.

b) quadrados.

c) triângulos equiláteros.

d) pentágonos regulares.

111

5. CONSTRUÇÕES GEOMÉTRICAS

29. Construa, com régua, esquadro e transferidor, um hexágono regular com 3 cm de lado.

30. Determinado polígono regular pode ser dividido exatamente em n triângulos regulares. Sobre esse polígono, responda.

   a) Que polígono é esse?

   _____

   b) Qual é a soma das medidas dos ângulos internos desse polígono?

   _____

112

6. PROPRIEDADES DOS QUADRILÁTEROS

31. Observe as afirmações e verifique se são verdadeiras (V) ou falsas (F).

a) Um paralelogramo tem dois pares de lados opostos paralelos congruentes e dois pares de ângulos internos opostos congruentes. ( )

b) Em um paralelogramo, a soma das medidas dos ângulos internos é sempre maior do que 360°. ( )

c) Em um paralelogramo, sempre há dois ângulos agudos e dois obtusos como ângulos internos. ( )

d) Em qualquer paralelogramo, as diagonais interceptam-se no ponto médio de cada uma delas. ( )

e) Trapézio é um exemplo de paralelogramo. ( )

32. Considere o paralelogramo:

Sem saber as medidas de *a*, *b*, *c* e *d*, podemos afirmar que:

a) a + b = 180°

b) a + c = 180°

c) 2a = b

d) 2c = d

e) b + d = 180°

33. Em um paralelogramo, dois lados medem *x* e *y*, com $x \neq y$. Com base nisso, faça o que se pede.

a) Se o perímetro desse paralelogramo é 30 cm, qual é o valor de x + y?

_____

b) Classifique o paralelogramo descrito em retângulo, losango ou quadrado, indicando as propriedades que justifiquem a classificação dada.

_____
_____
_____

113

34. Determine, em relação ao paralelogramo ABCD:

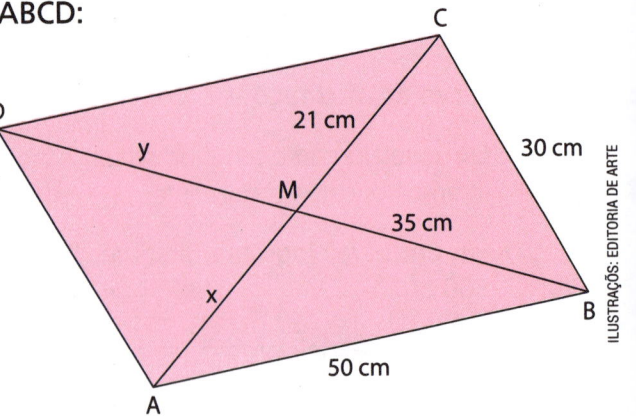

a) a medida x indicada.
_____

b) a medida y indicada.
_____

c) o perímetro do triângulo ABM.
_____

d) o perímetro do triângulo AMD.
_____

35. Considere o paralelogramo ABCD ao lado. Determine:

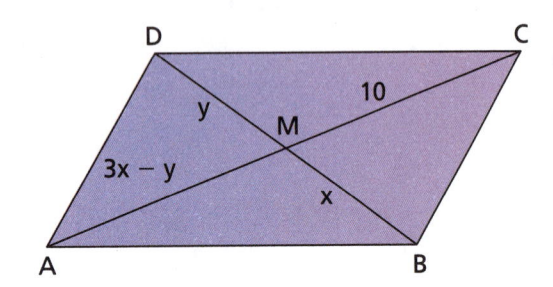

a) as medidas x e y indicadas.
_____

b) a medida da diagonal $\overline{BD}$.
_____

36. Determine as medidas x e y dos paralelogramos.

a)

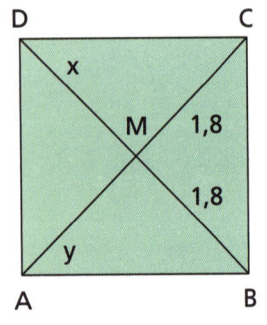

b)

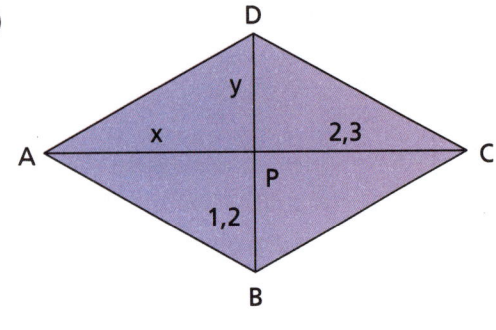

37. Analise o losango e determine:

a) a medida x indicada.

_____

b) a medida y indicada.

_____

c) a medida da diagonal $\overline{AC}$.

_____

d) a medida da diagonal $\overline{BD}$.

_____

e) o perímetro do triângulo BMC.

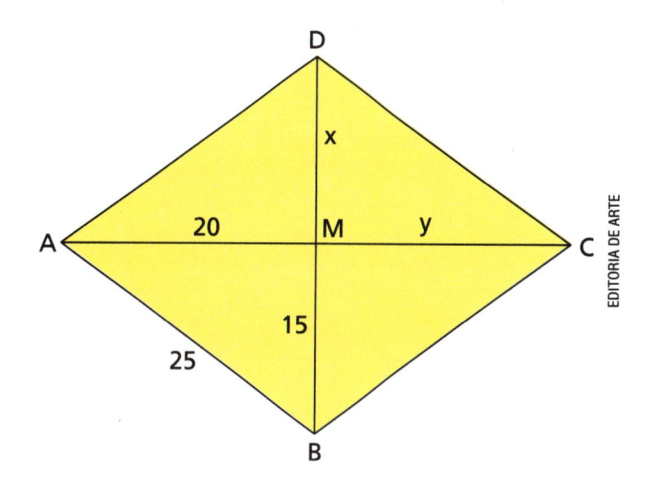

_____

38. Em um paralelogramo, dois ângulos internos medem 2x e os outros dois medem 3x + 20°. Qual é a medida dos menores ângulos internos desse paralelogramo? (Considere x > 1.)

39. Uma das diagonais de um quadrilátero divide-o em dois triângulos congruentes. Se um lado do quadrilátero mede o dobro da medida de outro lado e o perímetro desse quadrilátero é 45 cm, qual é a medida dos quatro lados dele?

40. Observe o retângulo ABCD, com as diagonais $\overline{AC}$ e $\overline{BD}$, e o desdobramento da figura em dois triângulos ABD e ABC.

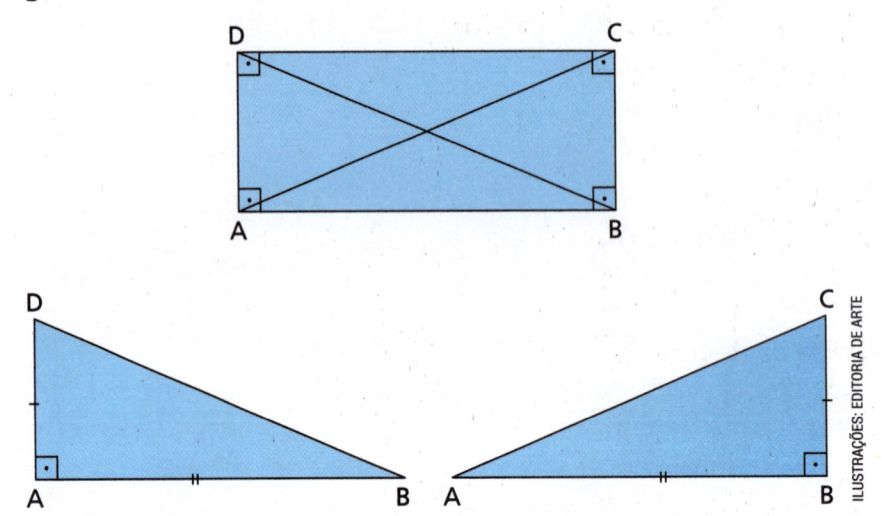

a) Qual é o caso de congruência que justifica a afirmação: △ABD ≅ △ABC?

_____

b) O lado $\overline{BD}$ do triângulo ABD é congruente a qual lado do triângulo ABC?

_____

c) No retângulo, qual é a relação entre as diagonais $\overline{AC}$ e $\overline{BD}$?

_____

41. O polinômio (2x + 10) representa o perímetro de um retângulo. Calcule as medidas dos lados desse retângulo, sabendo que um dos lados tem medida x e o outro tem medida (x − 2).

42. Olívio tem um terreno retangular e decidiu dividi-lo em quatro partes cujas cercas são representadas em azul na figura a seguir.

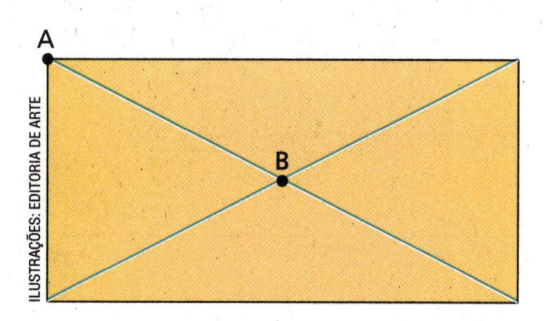

Sabendo que AB = 20 m, podemos afirmar que a medida de comprimento de todas as cercas juntas é:

a) 30 m.   b) 40 m.   c) 60 m.   d) 70 m.   e) 80 m.

43. Assinale a afirmação verdadeira.

a) As diagonais de um losango são paralelas entre si.

b) As diagonais de um retângulo sempre o dividem em quatro triângulos equiláteros.

c) As diagonais de um losango sempre são congruentes.

d) As diagonais de um retângulo sempre são congruentes.

e) As diagonais de um losango são perpendiculares entre si e não estão contidas nas bissetrizes de seus ângulos internos.

44. Determine as medidas *x* e *y* indicadas no retângulo abaixo.

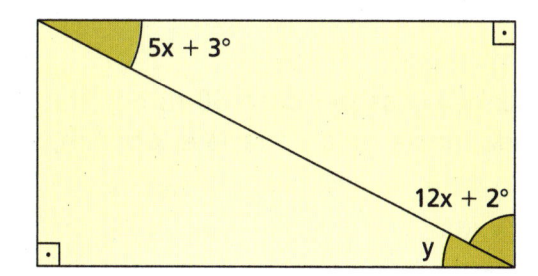

$5x + 3°$

$12x + 2°$

y

117

45. No trapézio da figura abaixo, a + d = 180° e b + c = 180°. Calcule o valor de a + b, sabendo que d = 117° e c = 126°.

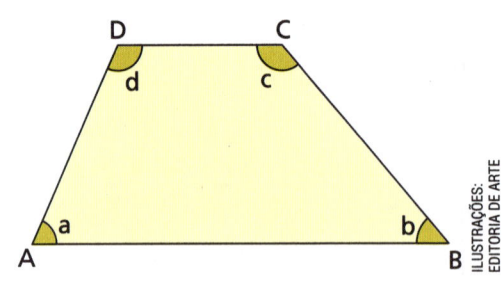

46. Carlos fez uma pipa no formato que lembra um losango. Para ter uma boa sustentação, Carlos colocará duas varetas de madeira, uma em cada diagonal do losango. Os quatro ângulos formados pelo encontro das varetas são:

a) 45°, 135°, 45°, 135°.

b) 30°, 150°, 30°, 150°.

c) 90°, 90°, 90°, 90°.

d) 60°, 120°, 60°, 120°.

47. As diagonais de um quadrilátero convexo dividem-no em quatro triângulos retângulos isósceles. Podemos afirmar que esse quadrilátero é um:

a) trapézio.

b) retângulo que não é quadrado.

c) losango que não é quadrado.

d) quadrado.

48. No trajeto para a escola, Lucas percorre 50 m em linha reta da casa dele até a casa de Paula e, em seguida, passa pela padaria e, por fim, vai até a escola, como indica a linha contínua no esquema.

Sabendo que a figura lilás lembra um paralelogramo, quantos metros Lucas percorre da casa dele até a escola?

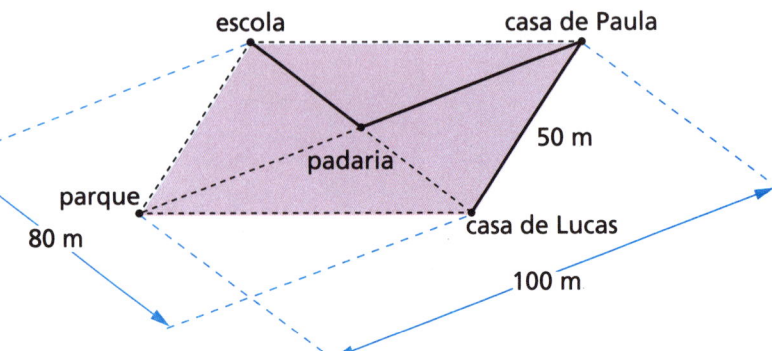

49. Um lado de um retângulo mede 5 cm a mais do que o outro. Se o perímetro desse retângulo é 36 cm, qual é a área dele?

50. Um losango de lados medindo x cm tem perímetro igual ao de um retângulo de dimensões $3x$ cm e $(2x - 6)$ cm. Qual é o perímetro desses polígonos?

51. Calcule as medidas dos ângulos internos de um trapézio retângulo, em que o ângulo interno obtuso mede o triplo da medida do ângulo interno agudo.

52. Em um trapézio isósceles, os ângulos da mesma base são congruentes. Verifique que essa propriedade é verdadeira.

Para isso, considere a figura a seguir, em que ABCD é um trapézio isósceles, BCE é um triângulo isósceles ($\overline{BC} \cong \overline{CE}$), e AECD é um paralelogramo ($\overline{AE} \parallel \overline{CD}$ e $\overline{AD} \parallel \overline{CE}$).

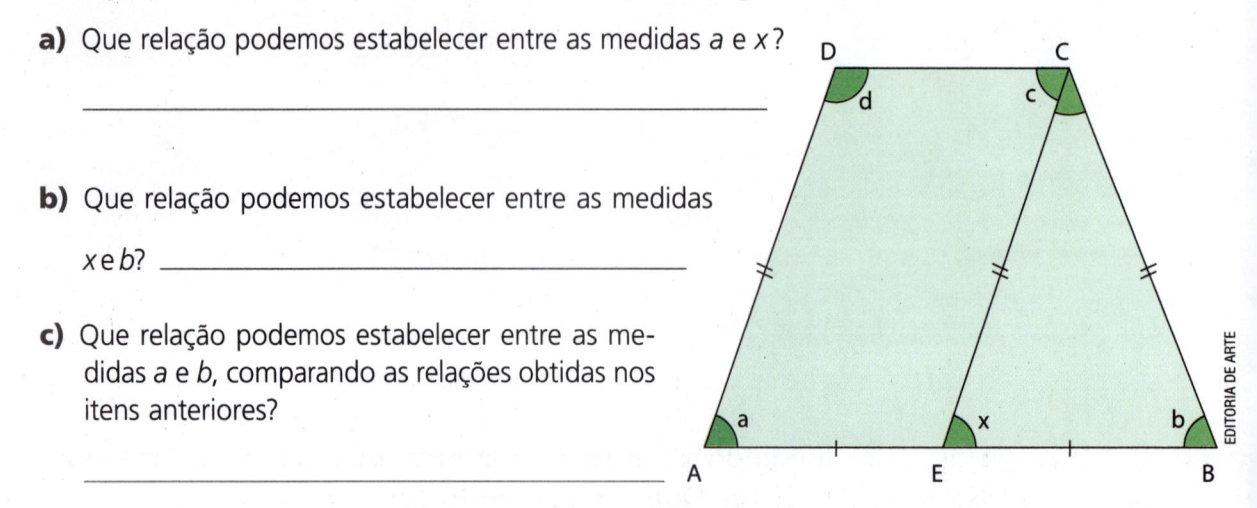

a) Que relação podemos estabelecer entre as medidas *a* e *x*?

_____

b) Que relação podemos estabelecer entre as medidas *x* e *b*? _____

c) Que relação podemos estabelecer entre as medidas *a* e *b*, comparando as relações obtidas nos itens anteriores?

_____

53. Determine as medidas dos ângulos internos de um trapézio isósceles que tem um ângulo interno medindo 120°.

54. Encontre a medida da base maior de um trapézio isósceles cujo perímetro é 55 cm e no qual os lados não paralelos têm a mesma medida da base menor, que mede metade da medida da base maior.

55. Em um trapézio isósceles, a medida do ângulo obtuso representa $\frac{7}{2}$ da medida do ângulo agudo. Determine as medidas dos quatro ângulos internos desse trapézio.

56. Calcule x, que representa a medida da base maior do trapézio da figura, sabendo que $\overline{MN}$ é a base média.

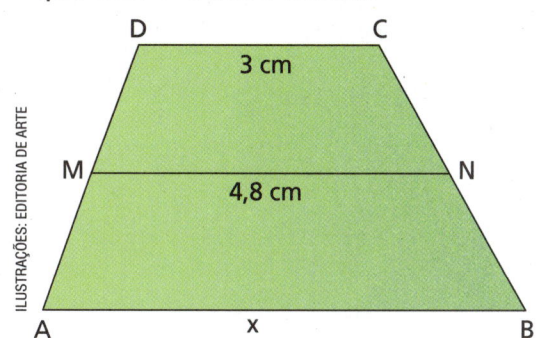

57. Uma arquibancada vai ser construída como mostra o corte lateral ao lado. Sabendo que a distância entre um patamar e outro é sempre a mesma, calcule o comprimento x da base da arquibancada.

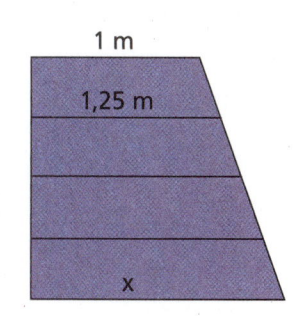

7. TRANSFORMAÇÕES NO PLANO

58. Observe as figuras.

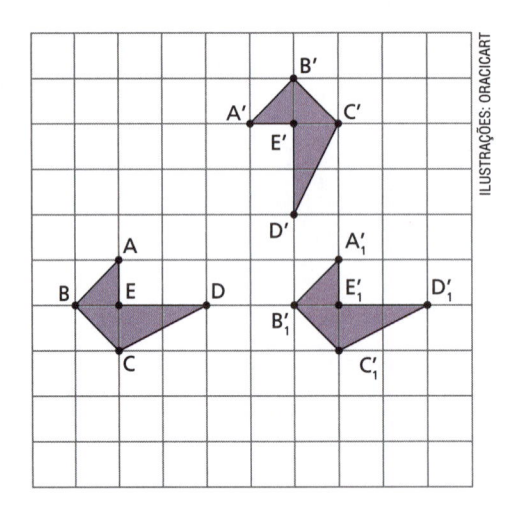

Sabendo que os polígonos A'B'C'D'E' e $A_1'B_1'C_1'D_1'E_1'$ foram obtidos por transformações do polígono ABCDE, podemos afirmar que:

a) A'B'C'D'E' foi obtido por uma translação de ABCDE na direção e no sentido de um vetor.

b) $A_1'B_1'C_1'D_1'E_1'$ foi obtido por uma reflexão de ABCDE em relação a um eixo.

c) A'B'C'D'E' foi obtido por uma rotação de ABCDE em torno de determinado ponto e de determinado ângulo.

d) $A_1'B_1'C_1'D_1'E_1'$ foi obtido por uma translação de ABCDE na direção e no sentido de um vetor.

59. Observe a imagem abaixo.

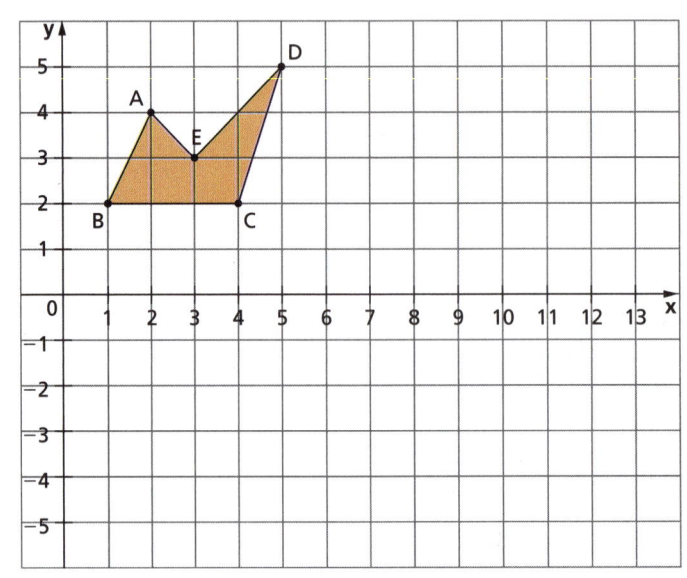

Translade o polígono ABCDE cinco unidades para a direita e, em seguida, cinco unidades para baixo.

Quais são as coordenadas do polígono obtido após as duas translações?

60. Considere o quadrilátero representado a seguir.

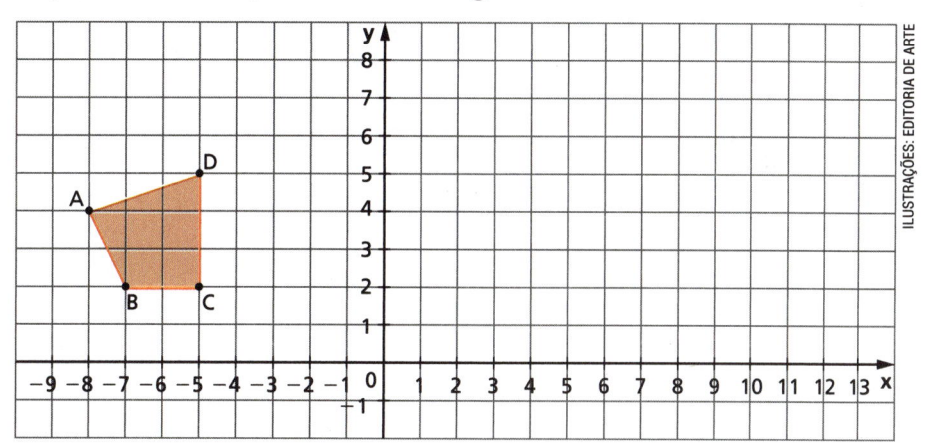

Agora, represente no plano cartesiano:

a) o quadrilátero EFGH, que é obtido a partir de uma reflexão do quadrilátero ABCD em relação ao eixo vertical.

b) o quadrilátero HIJL, que é uma rotação de EFGH de 110°, no sentido horário, em relação ao ponto H.

61. Observe o polígono ABCDEF a seguir.

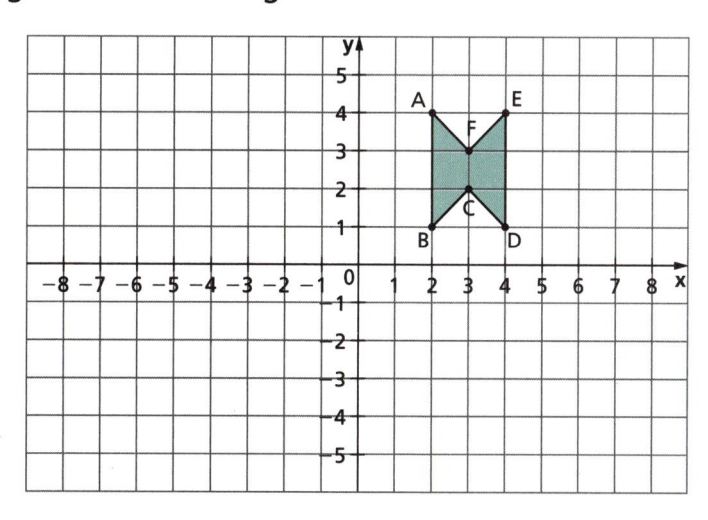

Com base nele, faça o que se pede.

a) Escreva duas transformações de modo que, após aplicadas ao polígono, as coordenadas de todos os vértices do polígono resultante sejam números inteiros negativos.

_____

_____

_____

b) Troque sua atividade com a de um colega para que ele desenhe o polígono obtido das transformações que você escreveu.

_____

123

UNIDADE 7 — CONTAGEM, PROBABILIDADE E ESTATÍSTICA

1. CONTAGEM

1. Responda às seguintes questões.

a) Quantos anagramas possui a palavra **simulado**?

_____

b) Quantos anagramas de **simulado** começam com a letra *L*?

_____

c) Quantos anagramas de **simulado** começam com a letra *L* e acabam em vogal?

_____

2. Com as letras da palavra **carro** podem ser escritos *x* anagramas que começam por vogal e *y* anagramas que terminam com a letra *R*. Qual é o valor de x + y?

a) 84

b) 240

c) 96

d) 168

124

3. Uma bandeira é formada por quatro faixas que podem ser pintadas com três cores diferentes: verde, branca e azul. Calcule:

a) De quantas maneiras distintas é possível pintar a bandeira?

b) De quantas maneiras distintas é possível pintar a bandeira de modo que a primeira faixa seja da cor verde?

c) De quantas maneiras distintas é possível pintar a bandeira de modo que faixas adjacentes não tenham a mesma cor?

4. Considere os algarismos 1, 2, 3, 4 e 5 e responda às questões a seguir.

a) Quantos números inteiros de 4 algarismos podemos formar sem repetir algarismos?

b) Do total de números encontrado no **item a**, quantos são ímpares?

c) Do total de números encontrado no **item b**, quantos iniciam com o algarismo 2 ou 4?

125

5. Sabendo que da casa de João até a praça da cidade há 3 caminhos e da praça para a casa da avó de João há 5 caminhos, responda.

a) Quantos caminhos diferentes João pode fazer para ir para a casa da avó e voltar dela, passando pela praça?

_____

b) De quantas maneiras diferentes João pode ir para a casa da avó e voltar dela, passando pela praça, mas sem repetir nenhuma opção de caminho?

_____

6. O modelo de placas de veículos no Brasil já passou por diversas alterações. Na mudança do sistema que começou a ser implementado em 1990 e vigorou até 2020, cada placa possuía um prefixo de três letras e uma sequência de quatro números, como mostrado na figura 1. No novo sistema, adotado em 2020 em todos os países do Mercosul, cada placa possui uma sequência de quatro letras e três números, como exemplificado na figura 2.

Figura 1

Figura 2

Considerando a mais recente mudança no emplacamento dos veículos brasileiros, qual é a diferença da quantidade de placas disponíveis do sistema atual para o anterior?

7. Em uma parede, há o desenho de cinco figuras geométricas que podem ser pintadas com três cores diferentes: verde, amarela e azul. De quantas maneiras distintas será possível pintar essas figuras?

a) 81   b) 243   c) 135   d) 15

8. Ao fazer um passeio turístico de Curitiba para a Ilha do Mel, no litoral do Paraná, os turistas possuem algumas opções de transporte. Considere que um turista sem veículo próprio ou alugado, para ir de Curitiba à Pontal, no litoral, tenha três opções de transporte disponíveis: ônibus, veículo de aplicativo e trem; e para ir de Pontal à Ilha do Mel, outras duas opções de transporte diferentes das anteriores: barco e lancha. A respeito disso, resolva os itens a seguir.

a) De quantas maneiras distintas, utilizando as opções descritas, um turista pode se locomover de Curitiba à Ilha do Mel?

b) Elabore um problema utilizando o princípio fundamental da contagem e resolva-o.

9. Lançando-se uma moeda três vezes, de quantas maneiras podemos obter duas caras e uma coroa?

2. PROBABILIDADE

10. No lançamento de um dado honesto, determine a probabilidade de se obter:

a) o número 5.

b) um número ímpar.

c) um número menor do que 3.

11. No lançamento simultâneo de dois dados honestos, determine a probabilidade de se obter a soma dos valores igual a 7.

12. Em um estacionamento vazio, há 50 vagas numeradas de 1 a 50. Qual é a probabilidade de o primeiro motorista estacionar em uma vaga cujo número é primo e maior do que 20?

a) $\dfrac{7}{50}$

b) $\dfrac{8}{50}$

c) $\dfrac{6}{50}$

d) $\dfrac{9}{50}$

13. Escolhendo, ao acaso, um número inteiro, de 1 a 20, qual é a probabilidade de ele ser múltiplo de três ou de quatro?

a) $\frac{3}{10}$

b) $\frac{1}{4}$

c) $\frac{1}{3}$

d) $\frac{1}{2}$

14. Ao realizar um debate entre candidatos à prefeitura de um município, uma emissora de TV deve sortear a ordem em que os candidatos farão as perguntas. O sorteio será realizado em uma urna que contém bolinhas com o número de cada candidato. Sabendo que participarão do debate candidatos com os números 9, 21, 47, 61 e 88, qual é a probabilidade de a primeira pergunta ser feita por um candidato que tenha como número um múltiplo de 3?

15. Dois dados honestos são lançados ao acaso e verifica-se que a soma das faces obtidas é sete.

a) Qual é a probabilidade de ter saído o número 5 em um dos dados?

b) Qual é a probabilidade de ter saído o número 4 em um dos dados?

c) Qual é a probabilidade de ter saído o número 4 no primeiro dado?

16. Uma urna de madeira, cujo interior não é visível, contém 5 bolas brancas e 3 bolas vermelhas. Qual é a probabilidade de se retirar ao acaso uma bola vermelha?

a) $\dfrac{5}{3}$

b) $\dfrac{3}{5}$

c) $\dfrac{3}{8}$

d) $\dfrac{5}{8}$

17. Em um jogo virtual, para ganhar uma pontuação extra na primeira fase, o participante deve estourar um balão que contenha uma estrela dourada. Sabendo que são disponibilizados 10 balões numerados de 1 a 10, qual é a probabilidade de essa estrela estar em um balão numerado com um número primo?

18. No dia do aniversário, Leila ganhou um jogo de tabuleiro. Para estreá-lo, ela está pensando em chamar três amigos para jogar com ela. Uma das regras do jogo consiste em escrever um número para cada jogador (em ordem crescente) e realizar um sorteio: quem tirar o maior número inicia a partida e quem tirar o menor número será o último a jogar na rodada. Responda às questões a seguir.

a) Qual é a probabilidade de alguém sortear o maior número e iniciar a partida?

b) Qual é a probabilidade de alguém tirar o menor número e ser o último a jogar na rodada?

3. ESTATÍSTICA

19. Em uma pesquisa realizada em uma escola, foram analisados os seguintes indicadores dos estudantes:

- Idade;
- Quantidade de medalhas em competições;
- Cor dos olhos;
- Esporte favorito;
- Participação em causas e projetos sociais;
- Cor do cabelo.

a) Das variáveis acima, quais são quantitativas e quais são qualitativas?

b) Quais dessas variáveis possibilitam o cálculo da média?

c) Em relação à pesquisa sobre a quantidade de medalhas em competições, é possível alterar o tipo de variável mudando a pergunta realizada?

20. Uma empresa foi contratada para colocar um semáforo em um cruzamento movimentado. Por esse motivo, decidiu-se contabilizar a quantidade de carros que passam pelo cruzamento durante um período de 4 horas, em que o fluxo é considerado intenso. Responda ao que se segue.

a) A variável **quantidade de carros** é qualitativa ou quantitativa? Justifique.

b) Se for quantitativa, ela é discreta ou contínua? Se ela for qualitativa, é nominal ou ordinal?

c) No relatório final que a empresa forneceu, consta que passaram 1 000 carros no período mencionado. Quantos veículos, por hora, passaram por esse cruzamento, ou seja, qual é a média do fluxo de veículos dessa amostra?

131

21. Classifique as variáveis como qualitativa nominal, qualitativa ordinal, quantitativa discreta ou quantitativa contínua.

a) Grupo sanguíneo (A, B, AB e O).

b) Quantidade de calorias ingerida durante uma refeição.

c) Quantidade de nascimentos em 2022.

22. Uma escola está avaliando o salário de todos os funcionários. Para melhor analisar os dados obtidos durante o levantamento, criou-se a tabela indicada ao lado.

a) Construa uma tabela de frequência relativa da quantidade de funcionários por salário.

Salário dos funcionários

Salário (R$)	Quantidade de funcionários
1.500,00	20
2.500,00	10
3.500,00	10
4.500,00	5
5.000,00	5
Total	50

Fonte: Dados fictícios.

b) Quantos funcionários ganham acima de R$ 4.000,00?

c) Qual é a porcentagem de funcionários que ganham menos de R$ 4.000,00?

132

23. Uma empresa de internet realizou uma pesquisa para identificar o tempo gasto durante o atendimento por telefone. Os dados ao lado referem-se ao tempo, em minuto, de 10 clientes durante uma ligação.

| 20 | 50 | 20 | 40 | 100 |
| 40 | 60 | 20 | 50 | 50 |

a) Construa uma tabela de frequência relativa de clientes por tempo de ligação.

b) Qual é a porcentagem de clientes que foram atendidos em até uma hora?

---

24. Analise o resultado de uma pesquisa do IBGE e, com base nesses dados, responda à questão.

Dimensionamento da população residente em áreas quilombolas por Unidade da Federação na Região Sudeste

Estado	População
Minas Gerais	130 812
Espírito Santo	15 993
Rio de Janeiro	14 857
São Paulo	10 366
Total	172 028

Fonte: INSTITUTO BRASILEIRO DE GEOGRAFIA E ESTATÍSTICA. **Dimensionamento emergencial de população residente em áreas indígenas e quilombolas para ações de enfrentamento à pandemia provocada pelo coronavírus | 2020.** Tabela 2 – Dimensionamento da população residente em áreas quilombolas por Unidade da Federação. Brasília, DF: IBGE, c2020. Disponível em: https://www.ibge.gov.br/estatisticas/sociais/populacao/31876-dimensionamento-emergencial-de-populacao-residente-em-areas-indigenas-e-quilombolas-para-acoes-de-enfrentamento-a-pandemia-provocada-pelo-coronavirus.html?=&t=resultados. Acesso em: 5 jan. 2023.

Qual é o estado da Região Sudeste com a maior quantidade de população residente em áreas quilombolas? Qual é o percentual aproximado em relação ao total da Região Sudeste?

133

25. O Censo Emergencial realizado pelo Instituto Brasileiro de Geografia e Estatística (IBGE) para ações de enfrentamento da pandemia de covid-19 revela a dimensão da população indígena por estados do Brasil, indicando um total de 1 108 970 indígenas no país. A tabela abaixo indica os números por estado na Região Norte.

Dimensionamento da população residente em áreas indígenas na Região Norte

Estado	População
Rondônia	32 138
Acre	29 758
Amazonas	284 487
Roraima	83 727
Pará	105 320
Amapá	7 311
Tocantins	17 636

Fonte: INSTITUTO BRASILEIRO DE GEOGRAFIA E ESTATÍSTICA. **Dimensionamento emergencial de população residente em áreas indígenas e quilombolas para ações de enfrentamento à pandemia provocada pelo coronavírus | 2020**. Tabela 1 – Dimensionamento da população residente em áreas indígenas por Unidade da Federação. Brasília, DF: IBGE, c2020. Disponível em: https://www.ibge.gov.br/estatisticas/sociais/populacao/31876-dimensionamento-emergencial-de-populacao-residente-em-areas-indigenas-e-quilombolas-para-acoes-de-enfrentamento-a-pandemia-provocada-pelo-coronavirus.html?=&t=resultados. Acesso em: 5 jan. 2023.

Considerando a quantidade total de indígenas no país e o total de indígenas da Região Norte, construa uma tabela comparativa, que apresente a frequência relativa aproximada de indígenas, por estado da Região Norte, em relação à região e ao país.

26. Segundo o Ministério da Saúde, até 6/10/2022, havia confirmados no Brasil 34 707 233 casos de covid-19. Analise o gráfico a seguir.

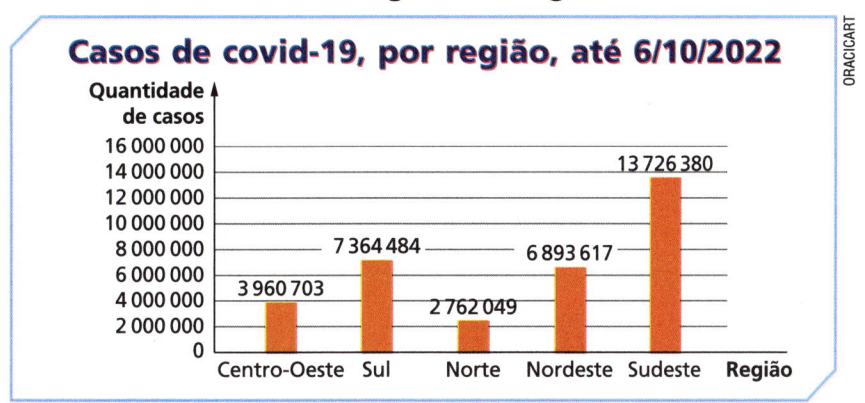

Casos de covid-19, por região, até 6/10/2022

Quantidade de casos:
- Centro-Oeste: 3 960 703
- Sul: 7 364 484
- Norte: 2 762 049
- Nordeste: 6 893 617
- Sudeste: 13 726 380

Fonte: BRASIL. Ministério da Saúde. **Coronavírus Brasil**. Painel Coronavírus. Brasília, DF: MS, 2020. Disponível em: https://covid.saude.gov.br/. Acesso em: 5 jan. 2023.

a) De acordo com o gráfico, qual é a diferença da quantidade de casos entre as regiões com maior e menor registro de casos?

b) Qual é a possível explicação para a quantidade de casos na Região Sudeste ser maior do que nas demais regiões?

27. Elabore e responda uma questão envolvendo os dados apresentados no gráfico da atividade anterior.

28. Uma editora realizou uma pesquisa para analisar a preferência dos clientes quanto a quatro marcas de revistas de esporte. Cada cliente escolheu apenas uma revista. A revista *A* recebeu 50 votos, a *B* recebeu 75 votos, a *C* recebeu 100 votos e a *D* foi a menos votada, com 25 votos.

a) Construa uma tabela apresentando as marcas de revista, a quantidade de votos e a frequência relativa.

135

b) Construa um gráfico de barras com a frequência relativa das marcas analisadas.

4. MEDIDAS EM ESTATÍSTICA

29. Determine a média, a moda, a mediana e a amplitude dos seguintes conjuntos dados:

a) 20; 30; 50; 50; 80

b) 0,45; 0,50; 0,10; 0,20; 1,00

c) 0; 0; −1; 2; −1

30. No concurso para a função de professor em uma escola particular, três etapas são realizadas: prova teórica, apresentação de uma aula e análise do currículo do candidato. Sabe-se que somente uma vaga está disponível e que apenas o candidato com a maior nota final será aprovado. Se a nota final é dada pela média aritmética das notas obtidas nas três etapas e, de acordo com o quadro de notas a seguir, qual candidato deve ser aprovado?

	Prova teórica	Apresentação	Currículo
Candidato A	7	5	6
Candidato B	5	5	5
Candidato C	4	9	6,5
Candidato D	6	5	7

a) Candidato A.
b) Candidato B.
c) Candidato C.
d) Candidato D.

31. Observe a tabela com a quantidade de dias chuvosos em um município no ano de 2022.

Dias com chuva nos meses de 2022 em um município

Mês	Dias chuvosos
Janeiro	8
Fevereiro	9
Março	1
Abril	4
Maio	5
Junho	6
Julho	8
Agosto	2
Setembro	1
Outubro	10
Novembro	6
Dezembro	6

Fonte: Dados fictícios.

Quais valores são respectivamente a moda, a média e a mediana dos dados obtidos?

a) 6,0; 6,0 e 6,0.
b) 7,0; 6,0 e 6,5.
c) 5,5; 6,0 e 5,5.
d) 6,0; 5,5 e 6.

32. Os funcionários de um setor de uma empresa que tiverem pontuação acima do desempenho médio receberão aumento. Com base nos dados do quadro abaixo, que indica o desempenho de todos os funcionários desse setor, quais são os funcionários que receberão aumento?

Funcionário	Desempenho (0 a 10)
João	7
Maria	8
Cláudio	5
Lucas	6
Gabriel	8

a) João e Maria.

b) Cláudio e Lucas.

c) Maria e Gabriel.

d) João, Maria e Gabriel.

33. O gráfico a seguir apresenta a quantidade de gols marcados por um time ao longo de 5 anos.

Gols marcados em 5 anos

Fonte: Dados fictícios.

A partir dos dados apresentados, quais foram os anos em que o time apresentou resultado acima da média dos cinco anos?

a) 2018 e 2019.

b) 2019, 2020 e 2021.

c) 2020 e 2021.

d) 2021 e 2022.

34. Um condomínio instalará um portão eletrônico e, para isso, fez um levantamento da quantidade de veículos (carros e motos) por casa. O resultado da pesquisa realizada está representado no gráfico abaixo.

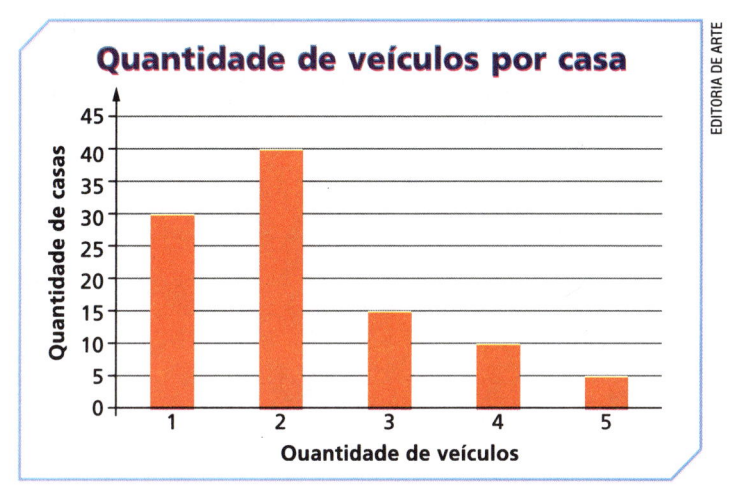

Quantidade de veículos por casa

Fonte: Dados fictícios.

a) Construa uma tabela de frequência absoluta e frequência relativa da quantidade de veículos por casa.

b) Qual é a média de veículos por casa?

c) Determine o valor da moda e da mediana do resultado do levantamento.

139

35. No controle de qualidade de uma fábrica de tubos metálicos, em cada lote, a amplitude das medidas do comprimento de três tubos, selecionados ao acaso, não pode ultrapassar 2% do valor da média dessas medidas, senão o lote deve ser descartado. Considerando o quadro a seguir, assinale quais lotes devem ser descartados.

	Tubo 1 (em cm)	Tubo 2 (em cm)	Tubo 3 (em cm)
Lote A	100	102	98
Lote B	99	100	101
Lote C	97	100	103

a) Lotes A e B.
b) Lotes B e C.
c) Lotes A e C.
d) Lote B.

36. Em um grupo com 10 amigos, a média de idade é de 21 anos. Se dois amigos, com 14 e 16 anos, entrarem, qual será a nova média de idade do grupo?

37. Em 10 lançamentos, um atleta de arremesso de disco obteve as medidas, em metro, indicadas no quadro.

Calcule a média, a mediana, a moda e a amplitude dessa distribuição.

40	35
42	44
32	35
36	36
40	40

5. REALIZANDO PESQUISAS ESTATÍSTICAS

38. Em uma empresa, foi realizada uma pesquisa com 50 funcionários dos 450 que compõem o quadro de pessoal, escolhidos por sorteio. Nessa pesquisa, desejava-se fazer um levantamento a respeito do melhor horário para fazer reuniões mensais com todos os empregados. Foram disponibilizadas três opções, sendo elas 9 h, 15 h ou 16h30min. A respeito dessa situação, determine:

a) o objetivo da pesquisa.

b) a amostra e o tipo de amostra da pesquisa.

c) a população.

d) o tipo de variável da pesquisa.

39. O professor Mauro realizou duas pesquisas em uma turma com 35 estudantes. Observe as anotações que ele fez.

Pesquisa 1: Fruta preferida dos estudantes do 8º ano C.
- Maçã: 11
- Uva: 8
- Melancia: 4
- Morango: 2
- Outras: 10

Pesquisa 2: Quantidade de irmãos e irmãs dos estudantes do 8º ano C.
- Um: 9
- Dois: 7
- Três: 5
- Mais de três: 3
- Nenhum: 11

A respeito das pesquisas que Mauro realizou, responda:

a) qual é o tipo de gráfico que melhor representa as informações de cada pesquisa?

b) qual é o tipo de variável de cada pesquisa de Mauro?

c) como é chamado o tipo de pesquisa realizada por Mauro, em que toda a população foi entrevistada?

141

UNIDADE 8 — ÁREA, VOLUME E CAPACIDADE

1. ÁREA DE FIGURAS PLANAS

1. Gabriela comprou um terreno cujo formato lembra um quadrado e possui 324 m² de área.

a) Quantos metros mede o perímetro do terreno que Gabriela comprou?

b) Qual é a área, em metro quadrado, de um terreno com formato que lembra um quadrado e com o dobro da medida do lado do terreno comprado por Gabriela?

2. Carol vai fazer bandeirinhas para a festa junina da escola com o formato da figura a seguir. Sabendo que a = 16 cm e b = 10,5 cm, qual é a área de cada bandeirinha?

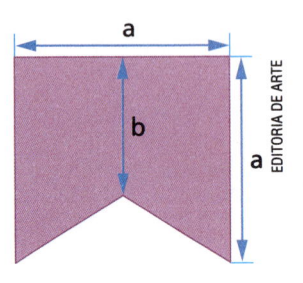

a) 256 cm²

b) 44 cm²

c) 172 cm²

d) 212 cm²

3. Em um trapézio, a base maior mede 32 cm, e a base menor mede 12 cm a menos do que a base maior. Calcule a altura desse trapézio, considerando que a área da região determinada por ele é de 156 cm².

4. Observe a planta da nova casa de Alice e faça o que se pede.

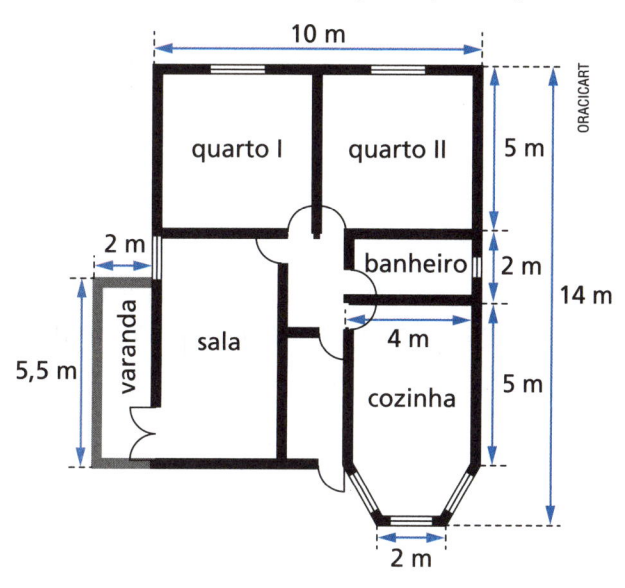

a) Calcule a área da cozinha.

b) Calcule a área total da casa de Alice, incluindo a varanda.

c) Ao vender a casa para Alice, o corretor disse a ela: "Essa casa tem 137 m² de área livre". Sabendo que **área livre** é toda a área de uma construção que não é obstruída por instalações, como pias, e pela abertura de portas, essa afirmação é verdadeira? Justifique.

143

5. Um terreno tem o formato conforme a imagem a seguir.
Qual é a área desse terreno?

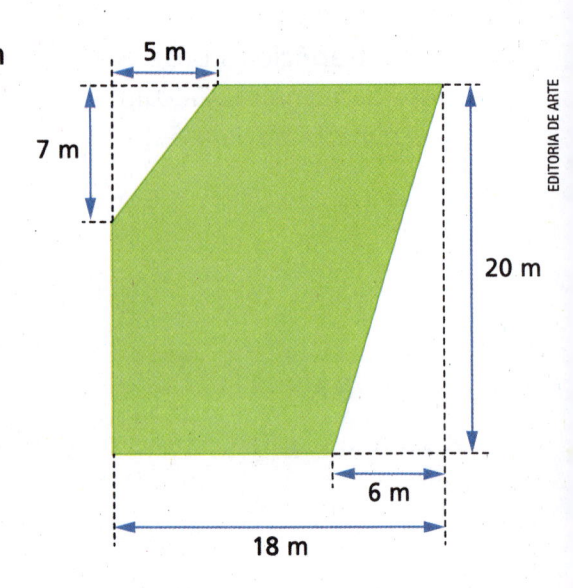

_____

6. Um losango tem área igual a 384 cm², diagonal menor cuja medida é igual a 24 cm, e cada lado com 12 cm a menos do que a medida da diagonal maior. Qual é o perímetro desse losango?

   a) 40 cm

   b) 32 cm

   c) 80 cm

   d) 20 cm

7. A medida do contorno da tampa de uma caixa-d'água circular é 18,84 m.

   a) Quanto mede aproximadamente o raio dessa caixa-d'água? (Use $\pi = 3,14$.)

_____

   b) Qual é a área aproximada da tampa dessa caixa-d'água? (Use $\pi = 3,14$.)

_____

144

8. Cada um dos círculos a seguir tem raio de 6 cm. Quais são as dimensões do retângulo e a área dele ocupada pelos círculos, respectivamente? (Use $\pi = 3,14$.)

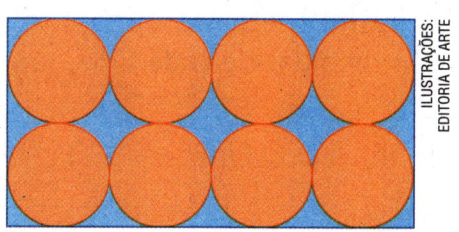

a) 12 cm por 24 cm; 113,04 cm².

b) 48 cm por 24 cm; 37,68 cm².

c) 24 cm por 48 cm; 113,04 cm².

d) 24 cm por 48 cm; 904,32 cm².

9. Suponha que uma empresa deseja criar um logotipo como o da figura a seguir, em que:

- o segmento $\overline{FG}$ mede 4 u.c;
- todos os arcos são semicírculos;
- os segmentos $\overline{FH}$, $\overline{HE}$, $\overline{EI}$ e $\overline{IG}$ têm a mesma medida.

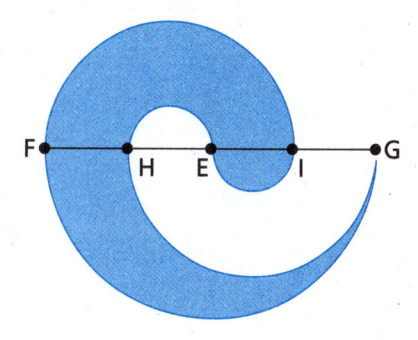

Qual é a área dessa figura?

145

10. Para a premiação em um campeonato de futebol entre escolas, serão produzidas medalhas com a posição, a modalidade e a data do campeonato. As opções retangular ou circular, com as medidas de cada uma, são apresentadas a seguir.

a) Qual é a área de cada tipo de medalha? (Use $\pi = 3{,}14$.)

b) Sabendo que a escola pagará R$ 0,15 por centímetro quadrado de material das medalhas, e que serão produzidas 200 medalhas, quanto será gasto com a produção delas caso a escola opte pelo modelo cuja compra será mais barata?

11. Analise a imagem a seguir e responda ao que se pede.

a) Considerando que cada círculo da imagem tem raio de 2 cm, qual é a área dos 4 círculos representados?

b) Considerando o trapézio em amarelo na parte superior direita com base maior 6 cm, base menor 4 cm e área 12 cm², determine a altura desse trapézio.

c) Elabore e responda uma questão sobre área de figuras planas envolvendo a imagem retratada.

12. A figura a seguir representa o local onde se realizam eventos em certo clube.

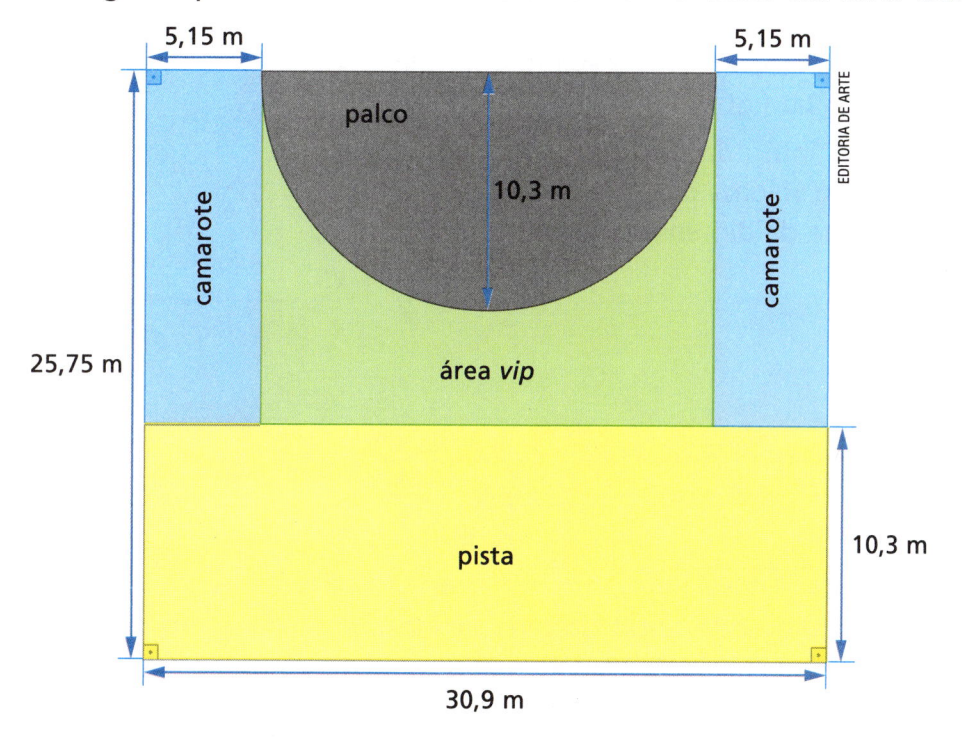

Sabendo que o formato do palco lembra um semicírculo e que o formato do terreno lembra um quadrilátero de dimensões de 25,75 m e 30,9 m, calcule a razão entre a área do palco e a soma das áreas das outras partes desse local. (Use $\pi = 3$.)

2. VOLUME DE SÓLIDOS GEOMÉTRICOS

13. Um reservatório cúbico possui volume igual a 729 cm³. A medida da aresta e a área total desse reservatório são respectivamente:

a) 9 cm e 486 cm².

b) 81 cm e 486 cm².

c) 243 cm e 324 cm².

d) 9 cm³ e 162 cm².

147

14. Para construir uma caixa, pode-se partir de uma cartolina retangular, retirar quatro partes quadradas a partir de cada vértice e então dobrá-la, como mostrado na figura.

Se a medida x, indicada na figura, for igual a 5 cm, qual será o volume da caixa obtida a partir de uma cartolina de dimensões 60 cm × 45 cm?

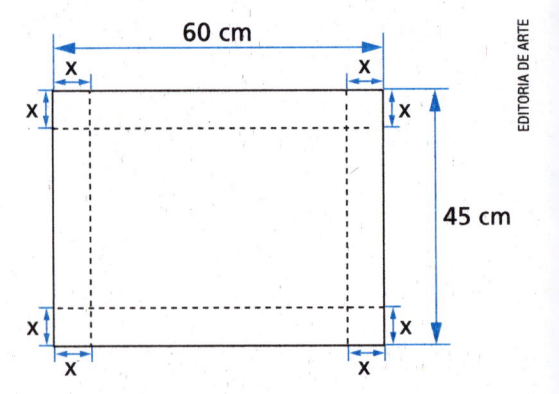

---

15. Uma empresa de desodorantes pretende criar uma embalagem comemorativa para o Dia do Esporte. As opções de embalagem disponíveis estão ilustradas a seguir.

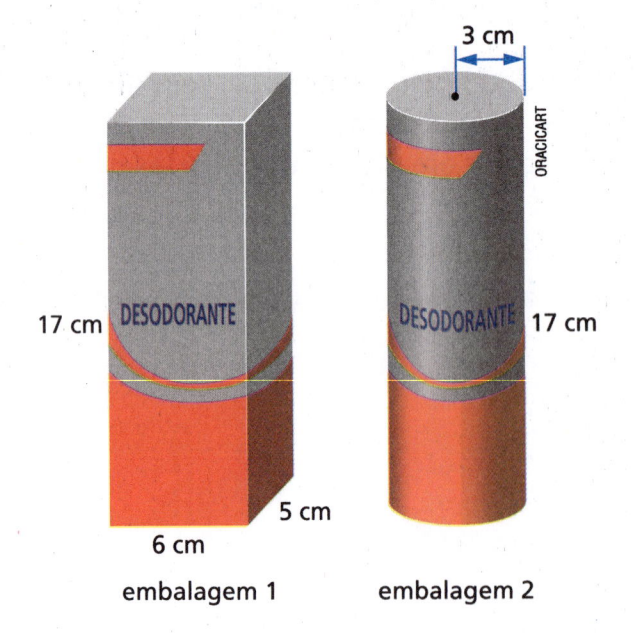

embalagem 1: 17 cm × 6 cm × 5 cm

embalagem 2: 17 cm de altura, 3 cm de raio

Sabendo que o desodorante ocupa um volume aproximado de 475 cm³, qual dessas embalagens deve ser utilizada de modo que o espaço vazio no interior de cada uma seja o mínimo possível? (Use π = 3,14.)

148

16. Qual é a relação entre o volume (V_a) de um cubo de aresta a e o volume (V_b) de um cubo de aresta $2a$?

a) $V_b = 4V_a$

b) $V_b = 2V_a$

c) $8V_b = V_a$

d) $V_b = 8V_a$

17. Considere uma caixa, com formato de bloco retangular, na qual há 320 cm³ de um material líquido. Ao apoiar a caixa em relação a uma das faces, a altura do nível de líquido corresponde a 4 cm na caixa. Ao virar a caixa e apoiá-la em relação às outras faces obtêm-se 8 cm e 10 cm de altura do líquido. Com base nessas informações, mostre que as dimensões da caixa são 4 cm, 8 cm e 10 cm.

18. Uma peça decorativa com formato cilíndrico apresenta um vão também cilíndrico e concêntrico, cujo diâmetro d possui 8 cm. Sabendo que essa peça tem 25 cm de altura h e 20 cm de diâmetro D, e que custa R$ 0,05 para produzir cada cm³ da peça, qual é o valor necessário para a produção de 10 dessas peças? (Use $\pi = 3{,}14$.)

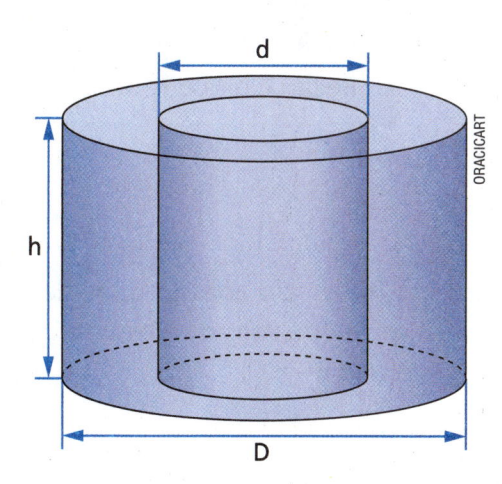

19. Elabore e resolva um problema que envolva o cálculo do volume de um cubo com 15 cm de aresta e de um cilindro de diâmetro 10 cm e altura 12 cm.

_____

_____

_____

_____

_____

_____

_____

_____

_____

20. Beto faz esculturas utilizando peças de argila. Ele encomendou quatro dessas peças, sendo duas com formato cilíndrico e duas com formato de bloco retangular. Observe outras informações sobre as peças.

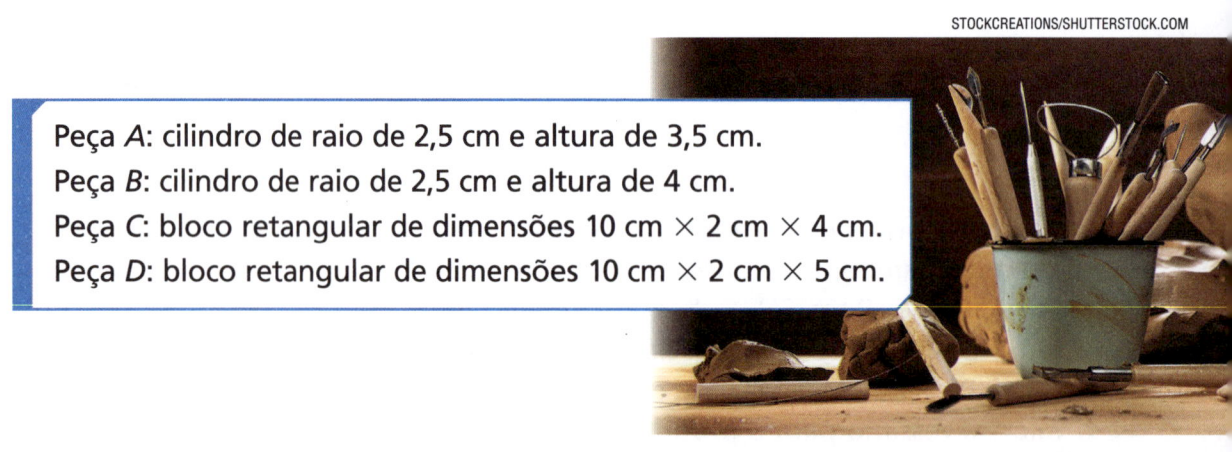

STOCKCREATIONS/SHUTTERSTOCK.COM

Peça A: cilindro de raio de 2,5 cm e altura de 3,5 cm.
Peça B: cilindro de raio de 2,5 cm e altura de 4 cm.
Peça C: bloco retangular de dimensões 10 cm × 2 cm × 4 cm.
Peça D: bloco retangular de dimensões 10 cm × 2 cm × 5 cm.

Utilizando apenas duas dessas peças, sendo um cilindro e um bloco retangular, qual é o maior volume possível de argila que pode ser utilizado na escultura que Beto fará? (Use $\pi = 3$.)

a) 140,625 cm³

b) 165,625 cm³

c) 175 cm³

d) 180 cm³

150

3. CAPACIDADE

21. Os dois recipientes representados nas figuras a seguir serão utilizados para o armazenamento de um material líquido. Qual desses recipientes tem a maior capacidade? (Use π = 3,14.)

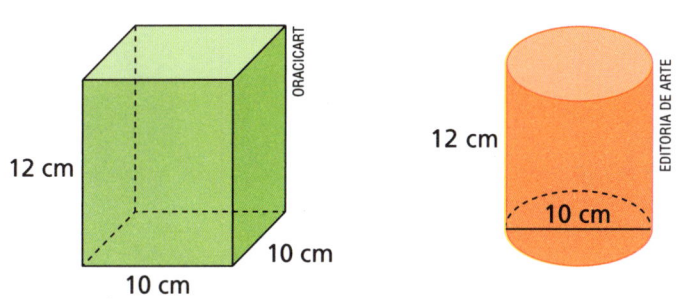

22. Para fazer uma receita de bolo, Celso utiliza 2 xícaras de leite. Para receber os netos em casa, Celso decidiu fazer quantos bolos conseguir com a quantidade de leite que há na geladeira. Sabendo que na casa de Celso há 1,5 L de leite e todos os outros ingredientes em quantidade ideal, quantas receitas desse bolo ele poderá fazer, no máximo? (Considere uma xícara = 240 mL.)

23. Quantas caixas-d'água de 1 000 L, inicialmente vazias, podem ser completamente cheias com a água disponível em um reservatório cujas dimensões são 24,5 dm, 16 dm e 15 dm?

a) 4 caixas-d'água.

b) 5 caixas-d'água.

c) 6 caixas-d'água.

d) 7 caixas-d'água.

24. Um recipiente em formato cúbico possui arestas de 7 cm. Outro recipiente com formato de bloco retangular possui dimensões 7 cm, 14 cm e 28 cm. Qual é a porcentagem que a capacidade do recipiente cúbico representa com relação à do recipiente com formato de bloco retangular?

a) 87,5%

b) 8%

c) 12,5%

d) 0,125%

25. Uma piscina infantil com formato de bloco retangular tem dimensões 75 cm, 50 cm e 1 m e recomenda-se preencher 80% da capacidade da piscina com água.

a) Quantos litros de água no máximo podem ser colocados nessa piscina, seguindo essa recomendação?

b) Após ser utilizada, a piscina ficou com 75% da capacidade recomendada com água. Quantos litros de água transbordaram da piscina considerando que, inicialmente, ela estava com a capacidade recomendada de água?

26. Um barril com formato cilíndrico tem diâmetro igual a 60 cm e altura igual a 70 cm. Se uma torneira despeja nesse barril 21 L de água por minuto, em quanto tempo ele encherá? (Use $\pi = 3$.)

27. Uma pessoa possui duas embalagens vazias, A e B. A embalagem A tem capacidade de 5 litros e a B tem capacidade de 4 litros. Como essa pessoa pode fazer para medir exatamente 1 litro de água?

---

28. Um cubo de aresta 10 cm está com água até certa altura. Então, é colocada uma quantidade de água que faz a altura do nível de água aumentar 4 cm sem que a água derrame. Qual é a quantidade de água, em litro, que foi acrescentada?

a) 4 L

b) 40 L

c) 400 L

d) 0,4 L

29. Cubagem, termo utilizado no transporte de carga, é a relação entre o espaço que uma mercadoria ocupa e a massa dela, e apresenta diferentes fatores que dependem do tipo de transporte.

Observe a imagem de um caminhão cuja carroceria tem formato de baú. Sabendo que o fator de cubagem rodoviário é de 1 metros cúbicos a cada 300 kg e que, pela legislação, o caminhão representado pode transportar no máximo 3 toneladas, responda:

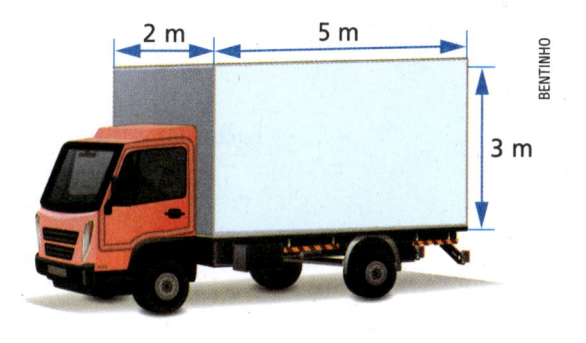

a) qual é o valor da cubagem, em quilograma, de uma carga que ocupe toda a capacidade do baú desse caminhão?

b) caso o caminhão transporte uma carga que atinja o limite máximo da cubagem, ele atenderá à legislação específica? Justifique.

30. Um reservatório com formato de bloco retangular, representado pela figura a seguir, contém 5250 L de água. Qual é a altura do nível de água nesse reservatório?

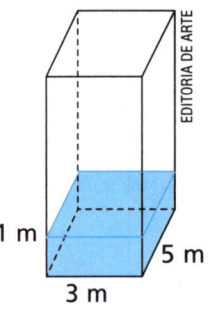

1 m 5 m 3 m

31. No município em que Laura mora, o consumo de água é tarifado de acordo com determinadas faixas de consumo, considerando uma tarifa mínima de valor fixo acrescido de um valor que varia de acordo com a quantidade de metros cúbicos consumidos acima da faixa mínima de consumo.
Na tabela a seguir, observe a distribuição das tarifas por faixa de consumo e responda ao que se pede.

Valor do consumo de água

Faixa de consumo (m³/mês)	Tarifa (R$)
0 a 10	32,72 (tarifa mínima fixa)
11 a 20	4,56 (valor por m³ excedente)
21 a 50	7,01 (valor por m³ excedente)
Acima de 50	8,38 (valor por m³ excedente)

Fonte: Departamento de água e esgoto.

a) Qual é o valor da tarifa de água para a família de Laura, que consumiu 27 m³ de água no mês?

b) Assinale o tipo de gráfico mais adequado para representar a variação no valor da tarifa de água a partir do consumo realizado mensalmente.

I. Gráfico de setores. **II.** Gráfico de barras. **III.** Gráfico de linhas.

c) Em seu entendimento, por que o preço do metro cúbico de água aumenta em cada faixa de consumo acima da tarifa mínima?

154

32. Jorge tem um aquário com formato de um bloco retangular cujas medidas são: 1 m, 50 cm e 80 cm. Para combater a proliferação de algas no aquário, ele comprou um algicida. A embalagem do produto apresenta as instruções a seguir.

- Adicione 1 gota de algicida para cada 4 litros de água.
- Se em 48 horas as algas não desaparecerem, aplique mais 1 gota de algicida para cada 20 litros de água.
- Para aplicações preventivas, adicione semanalmente 1 gota para cada 8 litros de água.

Considere que Jorge mantém o aquário com volume de água correspondente a 90% da capacidade do aquário.

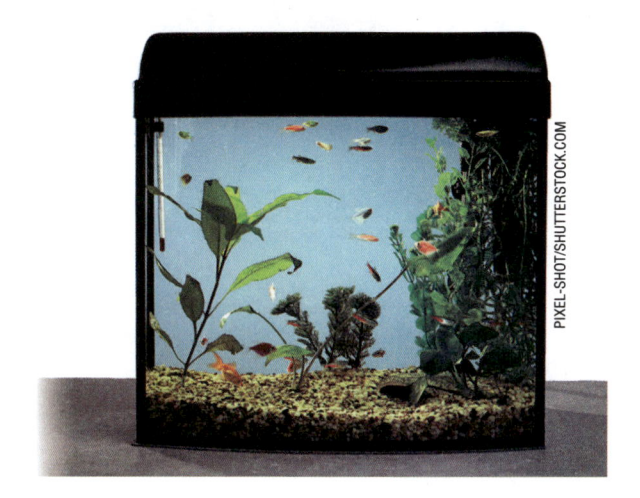

a) Quantos litros de água Jorge mantém no aquário?

b) Quantas gotas de algicida Jorge deve adicionar semanalmente no aquário como aplicação preventiva?

c) Após voltar de uma viagem, Jorge constatou que o aquário estava com um volume de água equivalente a 80% da capacidade do aquário e infestado de algas. Quantas gotas de algicida ele deve adicionar no aquário nessa situação? E se em 48 horas as algas não desaparecerem, quantas gotas de algicida Jorge deve adicionar novamente no aquário?

155

UNIDADE 9 — ESTUDO DE GRANDEZAS

1. GRANDEZAS

1. Leia o texto a seguir.

> A criação de parques nacionais e outras áreas protegidas é uma das principais estratégias adotadas no Brasil e no mundo para minimizar a atual crise ambiental.
> [...] os pesquisadores demonstraram que unidades de conservação de proteção integral, como parques nacionais e estaduais, abrigam uma diversidade de mamíferos bem maior do que áreas similares que não possuem o mesmo grau de proteção. Animais como o lobo-guará, o tamanduá-bandeira, a onça-parda e a anta são pelo menos 5 vezes mais comuns nessas áreas [...].

VIANA, Bento. Parques e reservas são essenciais para a conservação da fauna ameaçada de extinção no Cerrado. **WWF-Brasil**. [*S. l.*], 11 set. 2020. Disponível em: https://www.wwf.org.br/?77008/Parque-e-reservas-sao-essenciais-para-conservacao-da-fauna-ameacada-de-extincao-no-Cerrado. Acesso em: 10 jan. 2023.

Com base no texto, podemos afirmar que:

a) Para cada animal de uma espécie em uma área protegida, existem cinco animais da mesma espécie em uma área similar, porém não protegida.

b) Em uma área protegida, para cada lobo-guará existem cinco antas.

c) Para cada animal de uma espécie em uma área não protegida, existem cinco animais da mesma espécie em uma área similar, porém protegida.

d) A razão entre a quantidade de animais de uma espécie em uma área não protegida e de animais da mesma espécie em uma área similar, porém protegida, é $\frac{1}{3}$.

2. Luciano e Roberto foram submetidos a uma avaliação cada um. Luciano fez uma prova com 20 questões de múltipla escolha e acertou 12. Roberto realizou uma prova com 100 testes, dos quais acertou 65. Considerando a quantidade total de questões de cada prova, quem obteve um melhor rendimento? Justifique sua resposta.

3. Em um concurso público, a razão entre a quantidade de vagas e a quantidade de candidatos inscritos foi de 2 para 115. Se nesse concurso o total de inscritos foi de 34 500, quantas vagas foram abertas?

---

4. O gráfico representa o preço da gasolina a ser pago em função da quantidade de litros de combustível vendido em um posto. Analise o gráfico e responda às questões.

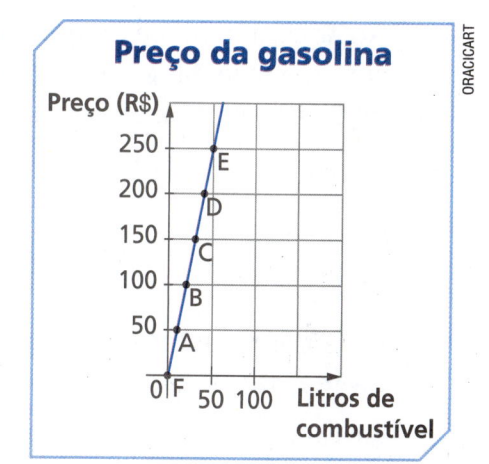

Preço da gasolina

(gráfico: Preço (R$) vs Litros de combustível, com pontos A, B, C, D, E sobre uma reta passando pela origem F)

Fonte: Dados fictícios.

a) Qual é a razão entre o preço a ser pago e a quantidade de litros de gasolina comprada?

b) Quanto se deve pagar nesse posto por 41 litros de gasolina?

c) Determine uma expressão algébrica que relacione a quantidade de litros de gasolina e o preço a ser pago nesse posto de combustível.

5. Juliana tem 12 anos, e, atualmente, sua estatura é de 1,50 m. Considerando as grandezas idade e estatura, é possível afirmar que a estatura de Juliana quando ela tiver o dobro da sua idade atual será também o dobro da estatura atual? Justifique.

2. ALGUMAS RAZÕES ESPECIAIS

6. A velocidade máxima permitida em uma via de 1 200 metros de comprimento foi reduzida, a fim de diminuir a quantidade de acidentes. A velocidade máxima permitida passou de 50 km/h para 40 km/h. Portanto, nesse caso, o tempo para percorrer a extensão total dessa via aumentou em quantos segundos?

157

7. Na planta baixa de uma residência, um muro de 13 metros de comprimento está representado por um segmento de 26 centímetros. Qual foi a escala adotada nessa planta?

8. Ao analisar o mapa do município onde mora, cuja escala era de 1 : 12 000, Marcos observou que uma das principais avenidas do município estava representada por um segmento de 9 centímetros. Qual é o comprimento real, em metro, dessa avenida?

a) 120 m

b) 1 200 m

c) 1 080 m

d) 1 330 m

9. Uma das características dos materiais é a densidade. Cada material possui uma densidade distinta dada na unidade g/cm³. Sobre isso, faça o que se pede.

a) Uma peça maciça de alumínio possui 810 gramas. Qual é o volume que essa peça ocupa, sabendo que a densidade do alumínio é de 2,70 g/cm³?

b) Agora, analise a tabela a seguir, e elabore uma questão que envolva a comparação entre, pelo menos, dois elementos.

Densidade de alguns metais

Metal	Densidade (g/cm³)
Cobre	8,9
Ouro	19,3
Prata	10,5

Fonte: BARP, Jeferson. Densidade. **Universidade Federal do Rio Grande do Sul**. Instituto de Física. Porto Alegre, 2003. Disponível em: http://www.if.ufrgs.br/tex/fis01043/20022/Jeferson/Densidade-1.htm. Acesso em: 11 jan. 2023.

c) O que é possível afirmar em relação à densidade e o volume dos elementos?

10. A China é o país mais populoso do mundo. Com uma extensão territorial de 9 596 960 km², o país tinha, em 2022, 1 425 893 465 habitantes. Já Mônaco, um pequeno principado ao sul da França, é um dos menos populosos do mundo e tinha, no mesmo período, cerca de 36 686 habitantes numa extensão territorial de 2 km². Calcule a densidade demográfica desses dois países e compare-as. O que é possível concluir?

Elaborado com base em: INSTITUTO BRASILEIRO DE GEOGRAFIA E ESTATÍSTICA. **Países**. Rio de Janeiro, c2018. Disponível em: https://paises.ibge.gov.br/#/mapa. Acesso em: 11 jan. 2023.

3. GRANDEZAS DIRETAMENTE PROPORCIONAIS

11. De acordo com o Centro Brasileiro de Informação de Eficiência Energética, o ar-condicionado é um dos vilões no consumo de energia elétrica, sendo que um modelo do tipo *split* de 15 001 a 20 000 BTU/h, utilizado por 8 h diárias, durante 30 dias pode chegar a um consumo médio de 293,68 kWh.

Considerando essas informações, se o tempo de uso for reduzido para 4 h diárias durante os mesmos 30 dias, em quanto se reduzirá o consumo de energia?

Elaborado com base em: BRASIL. Ministério de Minas e Energias. Eletrobrás. ProcelInfo. **Dicas de economia de energia**. Brasília, DF: MME, c2006. Disponível em: http://www.procelinfo.com.br/main.asp?View=%7BE6BC2A5F-E787-48AF-B485-439862B17000%7D. Acesso em: 11 jan. 2023.

12. Talita, Priscila e Jeremias são sócios e, para iniciarem um empreendimento, investiram os seguintes valores:

| Talita: R$ 1.200,00 | Priscila: R$ 2.200,00 | Jeremias: R$ 1.550,00 |

Depois de algum tempo, após o empreendimento apresentar lucro, eles deveriam dividir entre si, proporcionalmente ao que investiram, o valor de R$ 24.750,00. Determine o valor que cada um dos sócios deverá receber.

13. Fernando deseja realizar o *upload* de fotos que fez com a família em uma viagem, para armazená-las virtualmente. Normalmente, a internet da casa de Fernando dispõe de uma velocidade de *upload* de 16 Mbps (*megabits* por segundo), o que é suficiente para realizar, em média, o *upload* de 2 fotos por segundo. Considerando as informações descritas e desprezando variações no tamanho dos arquivos e na velocidade de conexão, calcule:

a) o tempo necessário, em minuto, para Fernando realizar o *upload* de 240 fotos.

b) quantas fotos poderiam ser colocadas no armazenamento virtual em 5 minutos.

14. Mariana depositou R$ 1.250,00 em determinado investimento financeiro e, após três meses, obteve o montante de R$ 1.268,75. Considerando que a taxa de juro do investimento é trimestral, calcule quanto Mariana obteria, caso aplicasse, por três meses, o valor de:

a) R$ 2.500,00.

b) R$ 3.100,00.

c) R$ 10.000,00.

15. Na loja de Letícia, determinado produto é vendido por unidade ao preço de R$ 21,50. Considerando essa informação, um atendente anotou a quantidade de itens vendidos em determinados dias, como indicado no quadro a seguir. Complete o quadro com os valores recebidos referentes ao total de unidades vendidas.

Data	Quantidade de unidades vendidas	Valor recebido
15/5/2023	5	
16/5/2023	8	
17/5/2023	7	
18/5/2023	10	
19/5/2023	14	

16. Guilherme aplicou R$ 1.500,00, por um ano, em um investimento que paga juros trimestrais. Analise no gráfico os resultados que ele obteve em 2022.

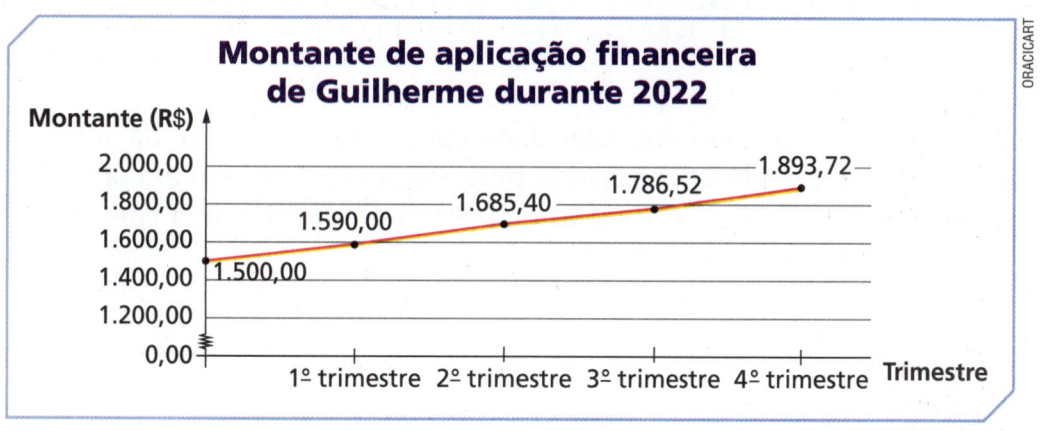

Montante de aplicação financeira de Guilherme durante 2022

- 1º trimestre: 1.590,00
- 2º trimestre: 1.685,40
- 3º trimestre: 1.786,52
- 4º trimestre: 1.893,72

Montante inicial: 1.500,00

Fonte: Dados fictícios.

a) Analisando o crescimento do capital investido até o fim do 1º trimestre, qual é a taxa de juro dessa aplicação?

b) Por que o rendimento de cada trimestre varia conforme o tempo, ou seja, não é constante?

c) Se Guilherme não tivesse feito uma aplicação financeira, mas tivesse apenas guardado dinheiro, quanto ele teria de economizar por mês, ao longo de 2022, para ao final do ano obter o mesmo montante?

Considere o texto a seguir para responder às questões 17 e 18.

> [...]
> Sabe-se que a velocidade é um dos principais fatores de risco associados a sinistros de trânsito [...]. A redução de 1,6 km/h na velocidade dos carros resulta em 6% menos mortes no trânsito. [...]
> [...] Em 2016, São Paulo reduziu a velocidade de suas vias arteriais para 50 km/h e hoje é uma das capitais com menor índice de fatalidades no trânsito no Brasil (6,2 mortes/100 000 habitantes). Bogotá lançou um Plano de Gestão de Velocidades em 2019 que estabelece limites de velocidade mais baixos para diferentes vias, incluindo 50 km/h para vias arteriais. O plano deu à cidade o prêmio internacional Prince Michael para Segurança Viária.
> [...]
> No início de 2020, [...] 140 países – incluindo o Brasil – assinaram a Declaração de Estocolmo, comprometendo-se a reduzir os óbitos no trânsito pela metade até 2030 – e subscrevendo uma série de medidas, como a de reduzir os limites de velocidade a 30 km/h em áreas compartilhadas por usuários vulneráveis e veículos automotores.
>
> RIZZON, B.; LEMOS, D.; CORRÊA, F. Redução de limites de velocidade avança pelo mundo e pode salvar vidas também no Brasil. **WRI BRASIL**. Porto Alegre, 1 fev. 2021. Disponível em: https://www.wribrasil.org.br/noticias/reducao-de-limites-de-velocidade-avanca-pelo-mundo-e-pode-salvar-vidas-tambem-no-brasil. Acesso em: 11 jan. 2023.

17. Considerando um tráfego em velocidade constante e no limite da velocidade da via, quanto tempo, em minuto, se levaria para trafegar por 10 km em uma via arterial de São Paulo e em uma via de Bruxelas que esteja dentro do novo limite?

18. Segundo o texto, a redução de 1,6 km/h na velocidade dos carros resulta em 6% menos mortes no trânsito. Considerando que isso se mantenha igual, qual é o percentual de mortes no trânsito que seria evitado com a redução de 50 km/h para 30 km/h? Explique como isso contribuiria para a meta assinada pelo Brasil na Declaração de Estocolmo.

19. Leia o texto a seguir.

> Um australiano encontrou uma pepita de ouro de 1,4 kg com um detector de metais enquanto andava por uma região de minas de ouro em Kalgoorlie, na Austrália Ocidental.
>
> Uma loja local que vende equipamentos para garimpo compartilhou na internet fotos da pedra, avaliada em 100 mil dólares australianos (cerca de R$ 280 mil).
>
> [...]
>
> AUSTRALIANO encontra pepita de ouro no valor de R$ 280 mil usando detector de metais. **BBC News Mundo**, [s. l.], 20 maio 2019. Disponível em: https://epocanegocios.globo.com/Mundo/noticia/2019/05/australiano-encontra-pepita-de-ouro-no-valor-de-r-280-mil-usando-detector-de-metais.html. Acesso em: 11 jan. 2023.

Qual seria o valor da pepita de ouro, em dólar australiano e em real, se ela tivesse massa de:

a) 0,7 kg?

b) 1,5 kg?

4. GRANDEZAS INVERSAMENTE PROPORCIONAIS

20. Um prêmio para escolas públicas que tivessem os estudantes que atingiram as maiores 10 notas em um concurso estadual de redação seria distribuído entre 6 escolas, totalizando R$ 500.000,00 para cada uma. Sabendo que, após uma revisão nas notas, o prêmio total deveria ser dividido entre 8 escolas, qual foi o valor recebido por elas?

21. João comprava, mensalmente, um pacote de 15 kg de ração para seu cachorro, e ele dividia o pacote em porções de 500 g para que durasse 30 dias. A veterinária pediu para que João aumentasse a porção de ração para 600 g diários. Sendo assim, quantos dias o pacote de ração passará a durar?

PRZEMEK ICIAK/SHUTTERSTOCK.COM

22. Para realizar o Censo Demográfico 2022 de agosto a outubro, o Instituto Brasileiro de Geografia e Estatística (IBGE) precisaria contar com o apoio de, aproximadamente, 180 mil recenseadores espalhados por todo o país. Entretanto, o prazo para coleta precisou ser ampliado de 3 para 5 meses, pois a quantidade de recenseadores não atingiu a meta esperada. Considerando que todos os recenseadores realizam o trabalho no mesmo ritmo e que não houve situações imprevistas, se 180 mil seriam necessários para realizar o Censo em 3 meses, quantos recenseadores, em média, trabalharam durante os 5 meses em que a coleta foi realizada? (Dado: considere o mês comercial com 30 dias.)

Elaborado com base em: IBGE adia fim de coleta do Censo por falta de recenseadores. **G1**-VALOR ONLINE, [s. l.], 3 out. 2022. Disponível em: https://g1.globo.com/economia/noticia/2022/10/03/ibge-adia-fim-de-coleta-do-censo-por-falta-de-recenseadores.ghtml. Acesso em: 23 out. 2022.

23. Quinze trabalhadores produzem, em 2,5 horas de trabalho, 12 peças de determinado produto. Considerando que essa é a média de produção, quantos trabalhadores são necessários para produzir 25 dessas peças em 2 horas de trabalho?

24. Foram feitos testes em um veículo para determinar a velocidade dele. As informações foram anotadas, considerando uma distância de percurso fixa e relacionando o tempo para percorrer o percurso à velocidade média do veículo. Sabendo disso, complete o quadro a seguir.

	Velocidade média	Tempo
Teste 1	62 m/s	
Teste 2	49,6 m/s	
Teste 3	24,8 m/s	
Teste 4	31 m/s	8 s

25. Em uma gráfica, são utilizadas três impressoras para imprimir 10 000 páginas em uma hora de trabalho. Em determinado dia, foi feita a manutenção de uma dessas impressoras e, por isso, foram utilizadas apenas as outras duas impressoras. Nessas condições e supondo que as impressoras imprimem à mesma velocidade, qual é o tempo, em hora, necessário para imprimir 10 000 páginas?

26. Rafael precisa dirigir 200 km para chegar à praia. Considerando essa distância, responda às questões a seguir.

a) Qual é o tempo, em hora, que ele gastará nesse trajeto se mantiver uma velocidade média de 110 km/h?

b) Que velocidade média ele precisa empregar para percorrer essa distância em 1h45min?

c) Se a velocidade máxima permitida no trajeto de Rafael é de 120 km/h, ele conseguirá fazer o percurso em, no máximo, 1h30min e respeitando o limite de velocidade?

5. REGRA DE TRÊS

Leia o texto para responder às questões 27 e 28.

> A produção de motocicletas alcançou as 671 293 unidades no primeiro semestre do ano de 2022, 18% a mais do que as 568 863 produzidas no mesmo período do ano passado, de acordo com o balanço divulgado hoje (12) pela Associação Brasileira dos Fabricantes de Motocicletas, Ciclomotores, Motonetas, Bicicletas e Similares (Abraciclo).
> [...]
> Segundo o balanço, a categoria mais vendida foi a *street* (conhecidas também como *city*, são desenhadas para uso nas cidades) com 59 364 unidades e 49,1% de participação no mercado, seguida pela *trail* (motos mais leves, com suspensão de curso longo e para-lamas altos) que teve 24 213 motocicletas vendidas e foi 20% do mercado. A Motoneta aparece em terceiro lugar com 18 169 unidades e 15% da participação nas vendas.
>
> ALBUQUERQUE, F. Produção de motocicletas aumenta 18% no primeiro semestre de 2022. **Agência Brasil**, São Paulo, 12 jul. 2022. Disponível em: https://agenciabrasil.ebc.com.br/economia/noticia/2022-07/producao-de-motocicletas-aumenta-18-no-primeiro-semestre-de-2022. Acesso em: 11 jan. 2023.

27. Considerando que a quantidade de motocicletas vendidas da categoria motoneta se mantenha constante nos próximos 3 semestres e que nenhuma *street* será mais vendida, a quantidade de motonetas vendidas durante esse período superaria a quantidade de vendas da categoria *street* no primeiro semestre de 2022?

28. Sabendo que em 2022 eram necessárias, em média, 2,5 motos da categoria *trail* para a aquisição de um carro popular no Brasil, quantos carros populares poderiam ser adquiridos com os recursos oriundos das vendas das motocicletas da categoria *trail* no primeiro semestre de 2022?

29. Ronaldo costuma utilizar bicicleta para se deslocar até o trabalho. Considere que, na ida ao trabalho, ele percorreu um trajeto de 18 km em 1 hora, a uma velocidade constante de 15 km/h, e na volta, ele percorreu o mesmo trajeto a uma velocidade constante de 10 km/h. Em quanto tempo ele percorreu o trajeto de volta?

a) 1 h

b) 1,5 h

c) 1,8 h

d) 2 h

30. Na pequena produção de sucos da família de Ricardo, são necessários 1,6 kg de uva para produzir 1 L de suco. Considerando que eles gastam, em média, R$ 3,60 com a produção de cada litro, responda:

a) quantos litros de suco podem ser produzidos com 450 kg de uva? Quantos reais seriam gastos para essa produção?

b) quantas toneladas de uva são necessárias para produzir toda a quantidade de suco possível com o capital de R$ 12.037,50?

31. Carlos tem um carro bicombustível. Após realizar alguns testes, verificou que se o carro fosse abastecido apenas com gasolina, percorreria em média 14 km com 1 litro e, se fosse abastecido apenas com etanol, percorreria em média 9 km com 1 litro. Sabendo disso, determine:

a) a distância percorrida com 11 litros de etanol.

b) a distância percorrida com 15 litros de gasolina.

32. Em um vestibular para o curso de Medicina, a razão entre a quantidade de vagas e a quantidade de candidatos inscritos foi de 1 para 250. Se nesse vestibular o total de inscritos foi de 20500, quantas vagas foram abertas para esse curso?

167

33. Stela levou seu filho a uma consulta médica em que foi prescrito um remédio que deveria ser administrado da seguinte maneira: 5 gotas para cada 2 kg de massa corporal a cada 8 horas. Se a mãe ministrou 30 gotas do remédio para o filho a cada 8 horas, qual é a massa corporal da criança?

_____

34. Com 8 eletricistas, pode-se fazer a instalação de uma casa em 3 dias. Quantos dias 6 eletricistas levarão para fazer o mesmo trabalho?

_____

35. Para construir um piso com 170 m² são necessários 3 pedreiros. Quantos pedreiros serão necessários para a construção de um piso com 510 m²?

_____

36. Uma pessoa recebe R$ 2.250,00 por 30 dias trabalhados. Quantos dias essa pessoa precisará trabalhar para receber R$ 1.500,00?

   a) 35 dias.
   b) 15 dias.
   c) 20 dias.
   d) 25 dias.

37. Em uma festa, foram consumidos 300 salgadinhos em 90 minutos. Considerando que o consumo foi homogêneo, quantos salgadinhos foram consumidos nos primeiros 27 minutos da festa?

38. Pedro percorreu de carro um trajeto em velocidade constante e igual a 90 km/h em 3 horas. Qual seria a velocidade do carro que Pedro precisaria manter se ele desejasse percorrer o trajeto em apenas 2 horas e meia?

39. Para construir um muro, 12 operários demoram 4 dias. Quantos dias seriam necessários para 8 operários construírem o mesmo muro?

a) 5 dias.
b) 6 dias.
c) 7 dias.
d) 8 dias.

40. Uma torneira completamente aberta enche um tanque em 6 horas. Se forem utilizadas 3 torneiras com a mesma vazão, qual é o tempo necessário para enchê-lo?

a) 3 horas.
b) 4 horas.
c) 1 hora.
d) 2 horas.

41. Durante a elaboração de um projeto de piscina, percebeu-se que, utilizando um determinado dreno, seriam necessários 30 minutos para esvaziar completamente a piscina. Caso esse dreno seja substituído por um cuja vazão seja o triplo da vazão do dreno original, qual será o tempo necessário, em minuto, para se esvaziar completamente a piscina?

42. Miguel é empreiteiro e em sua empresa ele conta com 4 funcionários que fazem o serviço de alvenaria. Em determinado momento de uma obra, um dos funcionários ficou doente e precisou se ausentar durante 5 dias. Sabendo que os 4 funcionários finalizariam a obra em 5 dias, trabalhando 5 horas por dia, qual é a nova carga horária aproximada, em hora, para que o serviço fique pronto no mesmo prazo com apenas 3 funcionários?

43. Para uma viagem de 15 dias, um barco com 5 tripulantes levou 50 kg de carne. Quantos quilogramas de carne serão necessários para uma viagem de 10 dias com 15 tripulantes?

   a) 100 kg de carne.
   b) 110 kg de carne.
   c) 120 kg de carne.
   d) 130 kg de carne.

44. Em uma fábrica de costura, 6 pessoas produzem 400 peças de determinada roupa em 5 dias de trabalho. Quantas peças serão produzidas por 7 pessoas trabalhando por 9 dias?

   a) 840 peças.
   b) 740 peças.
   c) 820 peças.
   d) 960 peças.

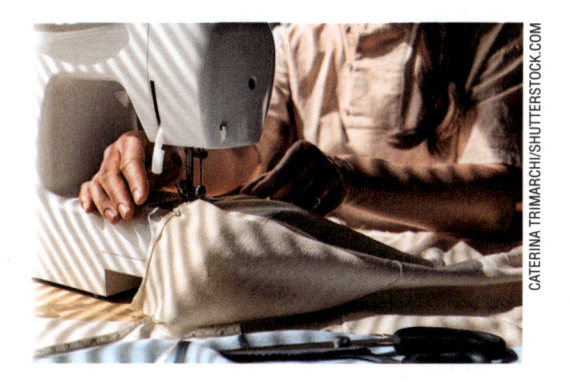

45. Uma tábua de 2 m, quando colocada no solo e perpendicular a ele, produz uma sombra de 80 cm. Qual é a altura de um edifício que, no mesmo instante, projeta uma sombra de 12 m?

   a) 20 metros.
   b) 25 metros.
   c) 30 metros.
   d) 35 metros.

46. Quatro máquinas de mesmo rendimento, trabalhando a mesma quantidade de horas por dia, produzem 1 500 peças em 5 dias. Em quantos dias duas máquinas idênticas às primeiras produzirão 3 000 peças?

   a) 20 dias.
   b) 10 dias.
   c) 15 dias.
   d) 25 dias.

47. Um livro tem 500 páginas; cada página, 30 linhas e cada linha tem 40 letras. Se o livro tivesse páginas de 25 linhas e 50 letras em cada linha, quantas páginas teria?

   a) 460 páginas.
   b) 480 páginas.
   c) 485 páginas.
   d) 490 páginas.

RESPOSTAS

UNIDADE 1
Números reais e porcentagem

1. Conjunto dos números racionais – p. 6 a 12

1. Pedro.
2. Alternativa c.
3. Alternativa d.
4. $-1,35; -\frac{7}{8}; -\frac{3}{4}; \frac{2}{3}; 0,74; 1,9$
5. Alternativa c.
6. A: $-\frac{1}{2}$; B: $\frac{9}{10}$; C: $\frac{6}{5}$
7. A: 3; B: 4
8. A: $\frac{1}{3}$; B: $\frac{8}{3}$
9. Ordem crescente: $-1,2; -\frac{2}{3}; -0,37; 0; \frac{1}{3}; \frac{4}{2}$.
10. R$ 67,90
11. Alternativa b.
12. Alternativa a.
13. Marcela poderá comprar a blusa e sobrará troco de R$ 6,01.
14. a) $-\frac{33}{14}$ b) $\frac{106}{25}$ c) $\frac{49}{24}$ d) $\frac{9}{100}$
15. a) $\frac{27}{40}$ c) 10 240,54
    b) $\frac{123}{80}$ d) $\frac{4}{175}$
16. R$ 325,00
17. A área A representa $\frac{1}{5}$ da área do terreno.
18. a) $\frac{131}{85}$ c) 337,815
    b) 20,5032 d) $\frac{9}{23}$
19. a) 6,5
    b) 0,032
    c) Resposta pessoal.

2. Dízimas periódicas – p. 13 e 14

20. a) Infinita e periódica.
    b) Finita.
    c) Infinita e periódica.
    d) Infinita e periódica.
21. a) 1,4 c) 0,090909...
    b) 1,0454545... d) 0,343434...
22. a) 3 b) 12 c) 3 d) 501
23. Exemplos de resposta:
    a) $\frac{1225}{99}$ b) $\frac{68}{9}$ c) $\frac{3169}{999}$
24. $\frac{130}{99}$
25. Exemplos de resposta:
    a) $\frac{2521}{990}$ b) $\frac{4613}{3300}$
26. Alternativa c.

3. Números reais – p. 15 e 16

27. a) $\frac{117}{50}$ c) $\frac{128}{125}$ e) $\frac{9126}{125}$
    b) $\frac{83}{200}$ d) $\frac{923}{50}$ f) $\frac{8403}{25}$

28. a) Finita.
    b) Infinita e não periódica.
    c) Infinita e periódica.
    d) Infinita e periódica.
29. a) Racional. e) Racional.
    b) Irracional. f) Irracional.
    c) Racional. g) Racional.
    d) Racional. h) Irracional.
30. a) $7; 7,777...; 7,7; -7; \frac{1}{7}$
    b) $\sqrt{7}$
31. a) V c) F e) F
    b) V d) V f) V

4. Porcentagem – p. 16 a 25

32. $\frac{15}{4}$; 375%
33. 17,5%; 0,175
34. a) 1 500 d) 70
    b) 150 e) 1 000
    c) R$ 230,00 f) 75
35. 4 estudantes.
36. 5%
37. 63% das pessoas.
38. 8% dos picolés.
39. 86% das questões.
40. O percentual de reprovação foi de 75%.
41. a) 20% b) 50% c) 70%
42. 12%
43. 0,5%
44. a) R$ 162,00 b) R$ 1.062,00
45. 75 pontos.
46. 20 questões.
47. a) 2021
    b) 12 partidas.
48. 50
49. a) 320 790 mulheres.
    b) 546 210 homens.
50. Alternativa b.
51. Alternativa b.
52. Alternativa a.
53. Alternativa c.
54. Loja A.
55. R$ 15.000,00
56. R$ 13.250,00
57. 15% ao mês.
58. a) R$ 42,90
    b) R$ 85,80
    c) R$ 2.285,80
    d) Roberto poderia encontrar um investimento cuja taxa mensal fosse maior do que 1,95% e/ou aplicar um capital superior a R$ 2.200,00.
    e) Resposta pessoal.

UNIDADE 2
Potências e raízes

1. Potência com expoente inteiro – p. 26 e 27

1. a) $(-1)^7$ c) $\left(\frac{1}{3}\right)^9$ e) $10,3^4$
   b) $2,45^6$ d) $\left(-\frac{2}{5}\right)^4$ f) $(-7,2)^2$
2. a) $\frac{4}{25}$ d) 3 176,523 g) 1
   b) $\frac{1}{64}$ e) 1 h) 216
   c) 9,9225 f) 1 i) 226,981

2. Propriedades da potenciação – p. 27 e 28

3. a) 2^{12} b) $1,2^2$ c) $\left(\frac{1}{8}\right)^2$ d) $\left(\frac{1}{9}\right)^2$
4. Alternativa d.
5. Alternativa b.
6. a) 6 b) 3
7. a) 1 b) 0
8. Alternativa b.

3. Números quadrados perfeitos – p. 28 e 29

9. a) 169; sim, é um quadrado perfeito.
   b) 155; não é um quadrado perfeito.
10. a) O número 288 não é um quadrado perfeito.
    b) O número 1 600 é um quadrado perfeito.
    c) O número 1 458 não é um quadrado perfeito.
    d) O número 6 084 é um quadrado perfeito.

4. Raiz quadrada – p. 29 a 34

11. a) 13 c) 44 e) 69
    b) 22 d) 51 f) 73
12. a) Sim, é um quadrado perfeito.
    b) 540
13. a) 1,6 b) 2,2 c) 2,7 d) 3,2
14. 0,8
15. 444 m
16. a) 12 b) 15 c) 18
17. a) 1,7 b) 5,4 c) 4,2 d) 9,2
18. a) 1,8 b) 4,2 c) 3,2 d) 5,4
19. a) 3,1 b) 9,1
20. a) Racional não inteiro. d) Racional não inteiro.
    b) Número natural. e) Número natural.
    c) Número irracional.
21. a) 3,14 d) 5,58 g) 14,1
    b) 1,56 e) 22,12 h) 0,244
    c) 1,43 f) 0,865

5. Outras raízes – p. 34 a 36

22. Aproximadamente 1,615.
23. a) -11
    b) 7
    c) 2
    d) Não está definida nos números reais.
24. 25 quadrados.
25. a) $-\frac{1}{7}$ c) $-\frac{3}{2}$
    b) $\frac{1}{2}$ d) 10
26. 10 blocos.
27. Resposta pessoal.
28. 3

6. Potência com expoente fracionário – p. 36 e 37

29. a) $\sqrt[3]{7^2}$ c) $\sqrt{4}$
    b) $\sqrt[5]{\frac{1}{3}}$ d) $\sqrt{\frac{64}{729}}$
30. a) 2 d) 5
    b) 729 e) $\frac{13\,123}{6\,561}$
    c) 7
31. $-\frac{107}{27}$
32. Alternativa b.
33. Alternativa c.
34. Resposta pessoal.

UNIDADE 3
Ângulos e triângulos

1. Ângulos – p. 38 a 43

1. a) 30° d) 60°
   b) 30° e) 80°
   c) 50° f) BÂC e CÂD.

172

2. Alternativa b.
3. BÂG: reto; AB̂C: agudo; CD̂E: agudo; DÊF: reto; EF̂G: obtuso; AĜF: obtuso.
4. a) 90°; 30°; 60°; 30°
   b) 180°; 36°; 144°; 36°
5. a) 45°   b) 80°
6. a) O giro a ser dado deve ser de 92° no sentido anti-horário.
   b) O giro é de 94° no sentido horário.
7. a) 45°   b) 22,5°
8. x = 35°, y = 55° e z = 55°.
9. a) 44°   b) 38°   c) 73°   d) 93°
10. Alternativa b.
11. a) 73,60°   b) 26,85°
12. 57°
13. Alternativa a.
14. x = 66° e y = 24°.
15. a) a + b = 180°
    b) a = c
    c) b = d
    d) c + d = 180°
    e) a + b + c + d = 360°
16. a) x = 61°; y = 119°   b) x = 50°; y = 80°
17. 20°

2. Triângulos – p. 43 a 51

18. a) $\overline{ST}$ b) $\hat{S}$ c) $\overline{RT}$ e $\overline{ST}$
19. a) $\overline{BC}$
    b) $\overline{XY}$
20. a) Obtusângulo e escaleno.
    b) Acutângulo e escaleno.
    c) Retângulo e escaleno.
    d) Obtusângulo e isósceles.
21. a) Triângulo equilátero; 9a
    b) Triângulo escaleno; 3x
    c) Triângulo isósceles; a + 2c
    d) Triângulo escaleno; 3x + 6
22. Alternativa e.
23. AB = AC = 9,6 km e BC = 4,3 km.
24. 90 cm
25. Alternativa c.
26. a) F   b) V   c) V
27. a) 40°   c) 20°   e) 45°
    b) 71°   d) 20°
28. Os ângulos internos medem 20°, 40° e 120°, e os ângulos externos medem 160°, 140° e 60°.
29. 45°, 45° e 90°.
30. 74°
31. Alternativa b.
32. 50°
33. 30°, 60° e 90°.
34. a = 60°, b = 60° e c = 30°.
35. Alternativa c.
36. a) Mediana.   c) Altura.
    b) Bissetriz.   d) Mediana.
37. a) Os três lados medem 18 cm.
    b) Triângulo equilátero.
    c) Cada ângulo interno mede 60°. Triângulo acutângulo.
38. 14 cm, 16 cm e 20 cm.
39. 90°, 130° e 140°.
40. x = 114° e y = 66°.

3. Congruência de triângulos – p. 52 a 54

41. a) 5 cm   b) 19 cm
42. a) Caso ALA.   c) Caso LAA₀.
    b) Caso LAL.   d) Caso LLL.

43. a) Caso LAL.   c) $\overline{RS}$
    b) $\hat{SRT}$ d) $\hat{TSR}$
44. Alternativa c.
45. Alternativa d.
46. a) Caso ALA.   b) 26,8 cm
47. 14 cm

4. Propriedades dos triângulos – p. 54 a 56

48. 45°, 45° e 90°.
49. x = 40°
50. Alternativa c.
51. x = 36°; y = 72°
52. x = y = 50°
53. F; V; V
54. 6,5 cm, 9,75 cm e 9,75 cm.

5. Construções geométricas – p. 56 e 57

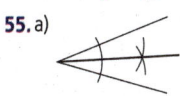

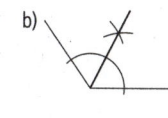

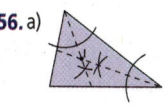

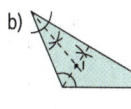

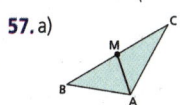

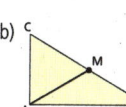

55. a)   b)
56. a)   b)
57. a)   b)

58. O centro da praça deve coincidir com o circuncentro do triângulo formado pelos três pontos turísticos indicados no mapa.

UNIDADE 4
Expressões e cálculo algébrico

1. Uso de letras para representar números – p. 58

1. a) 2n   c) $\frac{x}{3}$ e) x − n
   b) x²   d) x + n   f) $\sqrt{n \cdot x}$
2. $\frac{x}{2}$
3. 0,75x

2. Expressões algébricas ou literais – p. 59 e 60

4. 3a + 2b
5. $\frac{x + y}{2}$
6. a) a²   d) a² + ab + ab ou a² + 2ab.
   b) ab
   c) ab
7. 40 − y
8. Alternativa d.
9. a² − bc
10. 6x²
11. a) x² + 2y   d) a : 2c ou $\frac{a}{2c}$
    b) x² · y   e) x² : y³ ou $\frac{x^2}{y^3}$
    c) a³ · x²   f) r² − s²

3. Valor numérico de uma expressão algébrica – p. 61 a 63

12. a) 68   b) 0,08
13. a) −3   b) 5
14. $-\frac{4}{3}$

15. 90 diagonais.
16. a) 0,96   b) 0,375
17. a) 1   b) 61
18. Alternativa a.
19. a) x = 0   c) x = $\frac{1}{2}$
    b) x = 8   d) y = 1
20. a) 8x + 0,1 · x   b) R$ 688,50
21. Alternativa c.

4. Monômio ou termo algébrico – p. 64 a 71

22. 1,12y
23. a) 5a   b) 6b   c) 8c
24. a) xy   b) a²   c) mn
25. a) 2xy   b) 10a
26. a, b, c, d, g.
27. a) Coeficiente: 20; parte literal: x³
    b) Coeficiente: −1; parte literal: x⁴y⁴
    c) Coeficiente: −9; parte literal: m²n³
    d) Coeficiente: 1; parte literal: x²y²
28. a) 4xy   d) −5a³b³
    b) −14yx²   e) 6,4xy²
    c) 2,6y²x³   f) 6a²b²
29. a) Falsa, pois 3x² + 4 não é um monômio.
    b) Verdadeira.
    c) Falsa, pois, embora 4xy² seja um monômio, a parte literal é xy², e não xy.
    d) Verdadeira.
30. Alternativa c.
31. Alternativa d.
32. Alternativa c.
33. a) 8a²   e) −xy   i) 0,25xy³
    b) −1,5x³   f) 1,95a³   j) abc
    c) $\frac{2}{5}$bc   g) 3x²y⁵
    d) 2ax   h) −5a²x
34. 3x²
35. 7n
36. a) x   c) −3a²
    b) 7xy   d) 3mn
37. a) 40x³   d) −18a³b⁴c²
    b) −6a⁷   e) x⁴y⁴
    c) 50a³x⁵   f) $\frac{2}{7}$x⁸y⁷
38. a) 4,48x²   b) 0,25a²b²
39. 6x²y
40. Alternativa b.
41. a) a − 9n   b) a − 18n
42. a) 32x   b) 1024x
43. a)
    b) Resposta pessoal.
44. a) 5a³   c) −4a⁵bc
    b) 2y²   d) ay²
45. a) −4a²x⁴   b) 2xy
46. 6x²y²
47. a) −4a³b   c) −8x³y²
    b) −2x   d) 2x³
48. a) 625x¹²   e) $-\frac{1}{32}$a¹⁰b¹⁰x⁵
    b) −0,064y¹⁵   f) $\frac{81}{16}$m⁴x⁶y²
    c) 10 000a¹⁶b²⁰ g) −0,512a¹²b³
    d) x¹⁰y⁴   h) a²⁰b⁸c¹⁶
49. 4a²b²

173

50. a) $8x^3y$ c) $-\dfrac{1}{72}x^7y^5$
b) $36a^4b^2$ d) $3b^2$

5. Polinômios – p. 71 a 81

51. $10x + 2y + 4z$
52. $2x + y$
53. $93 - 3x - 4y$
54. a) $2x^2 - 4x + 1$
b) $-4a + 5ab + 6b$
c) $1,15xy + 0,5xy^2 - 0,8x^2y$
d) $6x^3 + 2x^2 - 8x + 6$
e) $2ab + 3a - b - 2c$
f) $-3x - 3y - xy$
g) bx
55. a) $10x + 4$ b) 69 cm
56. a) 183 b) 58
57. a) $2x + 3y$ c) $\dfrac{1}{6}a + \dfrac{7}{9}b$
b) $13x^2 - 2x$ d) $5ab - 11a$
58. a) $12x + 6,5y$
b) $19 + 6,5y$
c) $12x + 13y + 19$
59. $4x^2$
60. a) $3x^2 + 3x - 3$ c) $-x^2 + 4x + 3$
b) $2x^2 - x - 1$
61. Alternativa c.
62. a) $14x - 2y$ b) 102 c) 6
63. -3
64. $x + y + 9$
65. a) $35x^2 - 20xy$
b) $-14x^2y + 21xy^2$
c) $20a^3b^3 - 50ab^5$
d) $7,5a^3x^2 - 3a^2x^3$
e) $\dfrac{1}{3}m^4n - \dfrac{1}{4}m^2n^4$
f) $-0,84x^3y^2 + 0,48x^2y^3$
66. $a^2 - x^2$
67. $-15x^5 + 24x^3$
68. $x^5 - 2x^4 - 24x^3 + 45x^2 - 3x$
69. $2ab - a^2$
70. Alternativa b.
71. a) $6x^4 + 15x^3$ b) 216
72. a) $2a^3 - 5a^2 - 5a$
b) $16x^2 - 4xy + 4y^2$
c) $a^2 - ab + 2b - a^2b + ab^2$
d) $-2y$
e) $x^2 - 2xy - 2y$
73. $-2x^5 + 13x^4 - 15x^3$; 1944
74. a) $49x^2 - 42x + 9$
b) $4a^2b^2 + 12abc + 9c^2$
75. Comparando $4y^2 - x^2$ com $(2y)^2 - x^2$, podemos verificar que são iguais, já que $(2y)^2 = 4y^2$.
76. a) $x^3 - 2x^2 - 15x$
b) $x^3 + 3x^2 - 22x - 24$
77. a) $-4x^3 + 12x^2$
b) $-2x^4 + 14x^3 - 24x^2$
78. $-a^2 - 5a + 20$
79. $10x^2 + xy + y^2$
80. a) $-x^2 - 2$ b) $-x^5 + 6x^3 + 16x$
81. a) $a^2b^3c^3 + c^4b^2$
b) $7x^5y - 4x^3y + 21x^2y - 12y$
82. a) $2x^4 - 4x^3 + 3x^2$ b) $4x^2 - 8x + 6$
83. a) $4x^4 - 7x$ b) $-x - 9xy + 5y$
84. Alternativa a.
85. Alternativa b.
86. a) A multiplicação de polinômios.
b) $a^3x^3b^2y^2cz$

174

UNIDADE 5
Equações

1. Equação do 1º grau com uma incógnita – p. 82 a 86

1. a) 3 c) $\dfrac{11}{4}$ e) 7
b) -10 d) $-\dfrac{23}{2}$ f) -3
2. 3
3. 100 estudantes. **8.** 4 200 habitantes.
4. 25 000 unidades. **9.** a) R$ 64,00
5. 140 pessoas. b) R$ 620,00
6. 2 horas. **10.** 52 animais.
7. 20 pontos. **11.** 180 g

2. Equação fracionária com uma incógnita – p. 86 a 88

12. -8
13. a) $\dfrac{3}{5}$ b) $\dfrac{20}{9}$ c) $-\dfrac{4}{5}$ d) $-\dfrac{5}{2}$
14. 4 **15.** $\dfrac{4}{3}$ **16.** 9 g **17.** 0,2 L

3. Equações literais do 1º grau na incógnita x – p. 89 e 90

18. $x = \dfrac{2}{a}$, com $a \neq 0$.
19. a) $x = 5y$ b) $\dfrac{3c}{4}$ c) $-\dfrac{2a}{3}$ d) $2c$
20. $S = \{a + 3, \text{com } a \neq 0\}$
21. $x = 3b + 3a$

4. Equações do 1º grau com duas incógnitas – p. 90 a 92

22. a) $(12, 7)$ e $(-15; 47,5)$.
b) 25
23. a) $6x + 7y = 57,40$
b) R$ 4,90
24. $x = -\dfrac{44}{7}$
25. Alternativa d.
26. a) $y = -2$ b) $x = 7$
27. Resposta pessoal.

5. Sistemas de duas equações do 1º grau com duas incógnitas – p. 92 a 94

28. Alternativa b.
29. a) Não é a solução. b) É a solução.
30. a) $\begin{cases} x + y = 1620 \\ x - y = 740 \end{cases}$ d) $\begin{cases} x + y = 7,5 \\ x = \dfrac{5}{3}y \end{cases}$
b) $\begin{cases} x + y = 56 \\ x = 3y \end{cases}$ e) $\begin{cases} x + y = 1500 \\ x = y + 120,5 \end{cases}$
c) $\begin{cases} 2x + 2y = 88 \\ x = \dfrac{7}{4}y \end{cases}$ f) $\begin{cases} x - y = 15 \\ \dfrac{x}{9} = \dfrac{y}{6} \end{cases}$

6. Resolução de sistema de duas equações do 1º grau com duas incógnitas – p. 94 a 100

31. a) $(3, 3)$ b) $(5, 4)$ c) $(1, 2)$
32. a) $(2, 2)$ c) $(6, 3)$
b) $(3, 1)$ d) $(1, -1)$
33. a) $(250, 110)$ c) $(15, -22)$
b) $(15, 3)$ d) $(-2, -10)$
34. a) $(36, 7)$ c) $(9, -3)$
b) $(2,6; 1,2)$ d) $(-5, 2)$
35. 60
36. 132 e 68.
37. 90 horas com programação e 70 horas com manutenção de equipamentos.
38. O mais velho tem 15 anos, e o mais novo tem 9 anos.
39. 15 bolsas com 4 bottons e 25 bolsas com 2 bottons.
40. R$ 399,00
41. 25 carros e 25 motos.
42. Alternativa c.
43. 54 e 51.

7. Equação do 2º grau – p. 100 e 101

44. a) $S = \{-\sqrt{3}, \sqrt{3}\}$ b) $S = \varnothing$
45. a) $S = \{-1, 1\}$ b) $S = \varnothing$
46. a) 3 cm²
b) $(2\sqrt{3} + 3)$ cm e $(2\sqrt{3} - 3)$ cm

UNIDADE 6
Polígonos e transformações no plano

1. Polígonos e seus elementos – p. 102 a 104

1. a) Octógono. c) Icoságono.
b) Pentágono.
2. a) Pentágono. c) Quadrilátero.
b) Hexágono. d) Octógono.
3. a) 10,3 cm c) 9,6 cm
b) 10 cm d) 9,9 cm
4. 10 m
5. 21,1 m **6.** 8 cm

2. Diagonais de um polígono convexo – p. 104 e 105

7. 15 lados.
8. 44 diagonais.
9. a) 27 diagonais. b) 104 diagonais.
10. 170 diagonais.
11. 54 diagonais e 24 cm de perímetro.

3. Ângulos de um polígono convexo – p. 105 a 110

12. a) $x = 76°$ c) $x = 44°$
b) $x = 37°$ d) $x = 70°$
13. a) 6 triângulos. c) 1 080°
b) 180°
14. a) 540° b) 130°
15. a) 1 440° b) 3 240°
16. a) Hexágono. b) 9 diagonais.
17. 30°, 37,5° e 112,5°.
18. 60°
19. a) 146° c) 0°
b) 177° d) 120°
20. Menor ângulo: 102°; maior ângulo: 114°.
21. $x = 72°$ e $y = 72°$.
22. a) 360° b) 60°
23. 7

4. Ângulos de um polígono regular – p. 110 a 112

24. a) 1 440° c) 360°
b) 144° d) 36°

25. 35 diagonais.
26. $x = 45°$
27. a) Hexágono.   b) 12 cm; 24 cm
28. Alternativa a.
29. Construção do estudante.

5. Construções geométricas – p. 112

30. a) Hexágono.   b) 720°

6. Propriedades dos quadriláteros – p. 113 a 121

31. a) V   b) F   c) F   d) V   e) F
32. Alternativa a.
33. a) 15 cm   b) Retângulo.
34. a) 21 cm   c) 106 cm
    b) 35 cm   d) 86 cm
35. a) $x = 5$ e $y = 5$.   b) med($\overline{BD}$) = 10
36. a) $x = 1,8$ e $y = 1,8$.
    b) $x = 2,3$ e $y = 1,2$.
37. a) 15   c) 40   e) 60
    b) 20   d) 30
38. 64°
39. 7,5 cm, 7,5 cm, 15 cm e 15 cm.
40. a) LAL   c) As diagonais $\overline{BD}$ e $\overline{AC}$ do retângulo são congruentes.
    b) $\overline{AC}$
41. 7 u.c., 7 u.c., 5 u.c. e 5 u.c.
42. Alternativa e.   52. a) $a = x$
43. Alternativa d.   b) $x = b$
44. $x = 5°$ e $y = 28°$.   c) $a = b$
45. 117°   53. 60°, 60°, 120° e 120°.
46. Alternativa c.
47. Alternativa d.   54. 22 cm
48. 140 m   55. 140°, 140°, 40° e 40°.
49. 74,75 cm²
50. 8 cm   56. 6,6 cm
51. 90°, 90°, 45° e 135°.   57. 2 m

7. Transformações no plano – p. 122 e 123

58. Alternativa d.
59. A" (7, −1), B" (6, −3), C" (9, −3), D" (10,0), E" (8, −2).
60.
61. Resposta pessoal.

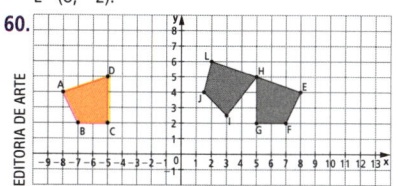

UNIDADE 7
Contagem, probabilidade e Estatística

1. Contagem – p. 124 a 127

1. a) 40 320 anagramas.
   b) 5 040 anagramas.
   c) 2 880 anagramas.
2. Alternativa c.
3. a) 81 maneiras.   c) 24 maneiras.
   b) 27 maneiras.
4. a) 120 números.   c) 36 números.
   b) 72 números.
5. a) 225 caminhos.   b) 120 maneiras.
6. 439 400 000 veículos.
7. Alternativa b.
8. a) 6 maneiras.   b) Resposta pessoal.
9. 3 maneiras.

2. Probabilidade – p. 128 a 130

10. a) $P(E) = \frac{1}{6}$ c) $P(E) = \frac{1}{3}$
    b) $P(E) = \frac{1}{2}$
11. $P(E) = \frac{1}{6}$
12. Alternativa a.
13. Alternativa d.
14. $P(E) = \frac{2}{5}$
15. a) $P(E) = \frac{1}{3}$ c) $P(E) = \frac{1}{6}$
    b) $P(E) = \frac{1}{3}$
16. Alternativa c.
17. $P(E) = \frac{2}{5}$
18. a) $P(E) = \frac{1}{4}$ b) $P(E) = \frac{3}{4}$

3. Estatística – p. 131 a 135

19. a) Variáveis quantitativas: idade; número de medalhas em competições.
    Variáveis qualitativas: cor dos olhos; esporte favorito; participação em causas e projetos sociais; cor do cabelo.
    b) Idade e quantidade de medalhas em competições.
    c) Sim, alterando "Quantidade de medalhas" para "Tipo de medalha", classificadas em bronze, prata e ouro.

20. a) A variável quantidade de carros pode ser mensurada, portanto é quantitativa.
    b) A variável quantidade de carros é quantitativa e discreta, pois só admite números inteiros.
    c) 250 carros por hora.
21. a) Variável qualitativa nominal.
    b) Variável quantitativa contínua.
    c) Variável quantitativa discreta.
22. a) **Salário dos funcionários**

Salário (R$)	Quantidade de funcionários	Freq. relativa
1.500,00	20	40%
2.500,00	10	20%
3.500,00	10	20%
4.500,00	5	10%
5.000,00	5	10%
Total	50	100%

Fonte: Dados fictícios.

b) 10 funcionários.
c) 80% dos funcionários.

23. a) **Tempo de ligação com clientes**

Tempo de ligação (min)	Quantidade de clientes	Freq. relativa
20	3	30%
40	2	20%
50	3	30%
60	1	10%
100	1	10%
Total	10	100%

Fonte: Dados fictícios.

b) 90% dos clientes.
24. Minas Gerais. 76%

25. **Dimensionamento da população residente em áreas indígenas na Região Norte**

Unidade da Federação	População	Frequência relativa – Norte	Frequência relativa – Brasil
Rondônia	32 138	$\frac{32\,138}{560\,377} \approx 0,0573 \approx 6\%$	$\frac{32\,138}{1\,108\,970} \approx 0,0289 \approx 3\%$
Acre	29 758	$\frac{29\,758}{560\,377} \approx 0,0531 \approx 5\%$	$\frac{29\,758}{1\,108\,970} \approx 0,0268 \approx 3\%$
Amazonas	284 487	$\frac{284\,487}{560\,377} \approx 0,5076 \approx 51\%$	$\frac{284\,487}{1\,108\,970} \approx 0,2565 \approx 26\%$
Roraima	83 727	$\frac{83\,727}{560\,377} \approx 0,1494 \approx 15\%$	$\frac{83\,727}{1\,108\,970} \approx 0,0754 \approx 8\%$
Pará	105 320	$\frac{105\,320}{560\,377} \approx 0,1879 \approx 19\%$	$\frac{105\,320}{1\,108\,970} \approx 0,0949 \approx 9\%$
Amapá	7 311	$\frac{7\,311}{560\,377} \approx 0,0130 \approx 1\%$	$\frac{7\,311}{1\,108\,970} \approx 0,0065 \approx 1\%$
Tocantins	17 636	$\frac{17\,636}{560\,377} \approx 0,0314 \approx 3\%$	$\frac{17\,636}{1\,108\,970} \approx 0,0156 \approx 2\%$
Total Norte	560 377	100%	52%
Total Brasil	1 108 970		

Fonte: INSTITUTO BRASILEIRO DE GEOGRAFIA E ESTATÍSTICA. Dimensionamento emergencial de população residente em áreas indígenas e quilombolas para ações de enfrentamento à pandemia provocada pelo coronavírus | 2020. Tabela 1 – Dimensionamento da população residente em áreas indígenas por Unidade da Federação. Brasília, DF: IBGE, c2020. Disponível em: https://www.ibge.gov.br/estatisticas/sociais/populacao/31876-dimensionamento-emergencial-de-populacao-residente-em-areas-indigenas-e-quilombolas-para-acoes-de-enfrentamento-a-pandemia-provocada-pelo-coronavirus.html?=&t=resultados. Acesso em: 5 jan. 2023.

26. a) 10 964 331 casos.   b) Resposta pessoal.
27. Resposta pessoal.

28. a) **Preferência de revista dos clientes**

Marca de revista	Quantidade de votos	Freq. relativa
A	50	20%
B	75	30%
C	100	40%
D	25	10%
Total	250	100%

Fonte: Dados fictícios.

b) **Preferência de revista dos clientes**

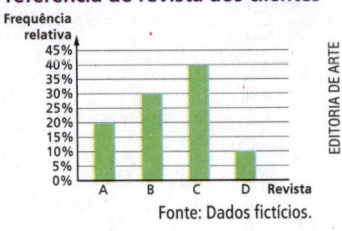

Fonte: Dados fictícios.

4. Medidas em Estatística – p. 136 a 140

29. a) Média: 46; moda: 50; mediana: 50; amplitude: 60.
b) Média: 0,45; moda: não tem; mediana: 0,45; amplitude: 0,9.
c) Média: 0; moda: 0 e −1; mediana: 0; amplitude: 3.
30. Alternativa c.
31. Alternativa d.   **33.** Alternativa c.
32. Alternativa d.   **34.** Alternativa c.
35. a) **Quantidade de veículos por casa**

Veículos	Frequência absoluta	Frequência relativa
1	30	30%
2	40	40%
3	15	15%
4	10	10%
5	5	5%
Total	100	100%

Fonte: Dados fictícios.

b) 2,2 veículos por casa.
c) Moda: 2. Mediana: 2.
36. 20 anos.
37. Média: 38; mediana: 38; moda: 40; amplitude: 12.

5. Realizando pesquisas estatísticas – p. 141

38. a) Identificar o melhor horário para reunir todos os funcionários.
b) Amostra casual simples de 50 funcionários, que foram definidos por sorteio.
c) 450 funcionários da empresa.
d) Variável quantitativa contínua.
39. a) Pesquisa 1: gráfico de barras ou colunas. Pesquisa 2: gráfico de setores.
b) Pesquisa 1: variável qualitativa nominal. Pesquisa 2: variável quantitativa discreta.
c) Pesquisa censitária.

UNIDADE 8
Área, volume e capacidade

1. Área de figuras planas – p. 142 a 147

1. a) 72 m   b) 1 296 m²

2. Alternativa d.
3. 6 cm
4. a) 26 m²
b) 137 m²
c) Não, pois se a área total é 137 m², a área livre será menor em virtude de aberturas de portas, instalações de banheiro, cozinha etc.
5. 282,5 m²
6. Alternativa c.

2. Volume de sólidos geométricos – p. 147 a 151

13. Alternativa a.
14. 8 750 cm³
15. Embalagem 2.
16. Alternativa d.
17. As dimensões são 4 cm, 8 cm e 10 cm.
18. R$ 3.297,00
19. Resposta pessoal.
20. Alternativa c.

3. Capacidade – p. 151 a 155

21. O bloco retangular.
22. 3 receitas.
23. Alternativa b.
24. Alternativa c.
25. a) 300 litros.
b) 75 litros.
26. 9 minutos.
27. Basta encher a embalagem A, posteriormente encher a embalagem B com a água já colocada na embalagem A. O que sobrar na embalagem A representa 1 litro.
28. Alternativa d.
29. a) 9 000 kg
b) O caminhão não atenderá à legislação específica, pois ultrapassará o limite máximo de massa que pode transportar.
30. 0,35 m
31. a) R$ 127,39   c) Resposta pessoal.
b) III
32. a) 360 litros.   c) 80 gotas; 16 gotas.
b) 45 gotas.

UNIDADE 9
Estudo de grandezas

1. Grandezas – p. 156 e 157

1. Alternativa c.
2. Roberto obteve melhor rendimento, pois acertou 65% das questões.
3. 600 vagas.
4. a) 5 para 1.   c) y = 5x
b) R$ 205,00
5. Não, pois não há proporcionalidade entre essas duas grandezas.

2. Algumas razões especiais – p. 157 a 159

6. 21,6 segundos.
7. 1 : 50
8. Alternativa c.
9. a) 300 cm³
b) Resposta pessoal.
c) Considerando a mesma massa para todos, o elemento com maior densidade possui menor volume e o elemento com menor densidade possui maior volume.

7. a) Aproximadamente 3 m.
b) 28,26 m²
8. Alternativa d.
9. 2π u.a.
10. a) Medalha retangular: 9,99 cm². Medalha circular: 9,61 cm².
b) R$ 288,30
11. a) 16π cm²
b) 2,4 cm
c) Resposta pessoal.
12. 0,25

10. China: 148,58 hab./km²; Mônaco: 18 343 hab./km². Devido à sua extensão territorial pequena, Mônaco, apesar de ter uma população menor, possui maior densidade demográfica do que a China.

3. Grandezas diretamente proporcionais – p. 159 a 162

11. O consumo será reduzido à metade, ou seja, em 146,84 kWh.
12. Talita receberá R$ 6.000,00, Priscila receberá R$ 11.000,00, e Jeremias, R$ 7.750,00.
13. a) 2 minutos.   b) 600 fotos.
14. a) R$ 2.537,50
b) R$ 3.146,50
c) R$ 10.150,00
15. 15/5/2023: recebeu R$ 107,50; 16/5/2023: recebeu R$ 172,00; 17/5/2023: recebeu R$ 150,50; 18/5/2023: recebeu R$ 215,00; 19/5/2023: recebeu R$ 301,00.
16. a) 6%
b) Porque a cada trimestre, o juro é calculado de acordo com o valor do montante.
c) R$ 32,81
17. São Paulo: 12 minutos; Bruxelas: 20 minutos.
18. 75%. Com uma redução de 75% das mortes no trânsito, o país não só atingiria como ultrapassaria o objetivo de reduzir pela metade esses números até 2030, adotando a redução na velocidade máxima permitida em áreas compartilhadas por usuários vulneráveis e veículos automotores.

4. Grandezas inversamente proporcionais – p. 163 a 165

19. a) 50 000 dólares australianos ou R$ 140.000,00.
b) 107 140 dólares australianos ou R$ 300.000,00.
20. R$ 375.000,00
21. 25 dias.
22. Aproximadamente 108 mil recenseadores.
23. 40 trabalhadores.
24. Teste 1: 4 s; teste 2: 5 s; teste 3: 10 s.
25. 1,5 hora.
26. a) Aproximadamente 1,81 hora ou 1h49min.
b) Aproximadamente 114,3 km/h.
c) Rafael não chegaria ao destino em 1h30min.

5. Regra de três – p. 166 a 171

27. Não.
28. 9 685 carros.
29. Alternativa b.
30. a) R$ 1.012,50.
b) 5,35 toneladas.
31. a) 99 km
b) 210 km
32. 82 vagas.   **40.** Alternativa d.
33. 12 kg   **41.** 10 minutos.
34. 4 dias.   **42.** 6,7 horas.
35. 9 pedreiros.   **43.** Alternativa a.
36. Alternativa c.   **44.** Alternativa a.
37. 90 salgadinhos.   **45.** Alternativa c.
38. 108 km/h   **46.** Alternativa a.
39. Alternativa b.   **47.** Alternativa b.